사막에 핀 붉은 장미

인생을 변화시키는 위대한 힘
사막에 핀 붉은 장미

1판 1쇄 인쇄 | 2023년 6월 15일
1판 2쇄 발행 | 2024년 7월 15일

엮은이 진 점 규
펴낸이 김 양 희
편집디자인 | 장철수
표지디자인 | 두손기획
펴내는 곳 | 도서출판 사색의 나무
주소 서울시 용산구 원효로 1가 108-53 3층
전화 | 02) 717-9012-4
FAX | 02) 717-9015
E-mail edu@e_times.co.kr

책값 13,500원
*잘못된 책은 즉시 교환해 드립니다.

인생을 변화시키는 위대한 힘

사막에 핀 붉은 장미

진점규 엮음

"위대함이란 어떠한 역경과 시련 앞에서도
흔들리지 않는 숭고한 정신이다."

2023년
좋은책 읽기
운동본부
최우수추천도서

도서
출판 사색의나무

| 서문[序文] |

요즘 우리 사회는 수많은 변화의 물결이 소용돌이치고 있습니다.
AI(인공지능)시대라는 첨단 과학의 물결이 우리의 생활 주변을 깊숙이 파고들고 있습니다.
사람은 누구나 변화를 두려워합니다.
변화란 새로움에 대한 도전이며 지금까지의 습관과 관습, 안락함까지도 버리고 새롭게 도전해야 한다는 것 때문입니다. 그러나 우리는 변화를 수용하고 받아드릴 때 더 멋있고 창조적인 미래가 우리 앞에 기다리고 있음도 알아야 하겠습니다.

미래학자들은 한결같이 말합니다.
"미래사회는 첨단 과학의 시대가 될 것이다. 문명의 이기(利器)가 발달하면 할수록 인간의 따뜻한 감성은 절실히 요구되는 시대가 될 것이다 즉 감각의 시대 하이테크(high-tech)가 아닌 감성의 시대 하이터치 (high-tuch)).여야만 하는 이유에 대해서 말합니다."
감성의 시대에는 인간만의 고유한 영역인 인문학적인 사고가 우리의 영혼을 지배해야만 한다는 것입니다. 인문학적인 사고는 과학기술의 혁신과정에서 빼놓을 수 없는 핵심 요소입니다. 인문학은 우리 인간의 본질에 대해 깊이 있게 탐구하고 사회적, 윤리적 문제를 성찰하고 통제하는 학문입니다.

즉 인간답게 사는 것이 무엇인가? 삶의 진정한 가치는 무엇인가? 등 오늘을 살아가는 현대인에게 궁극적인 삶의 목표이자 삶을 탐구하는 자세, 가치관이기도 합니다.

〈사막에 핀 붉은 장미〉는 제6부로 구성이 되었습니다.
〈제1정신 편〉, 〈제2 지혜 편〉, 〈제3 리더십 편〉, 〈제4 습관 편〉, 〈제5 신념 편〉, 〈제6 행복 편〉입니다.
각 편마다 역경과 시련 속에서도 인류사(史)에 불멸의 신화를 남겨 놓았던 위대한 정신세계가 있습니다. 또한 이 책 속에 담겨있는 수많은 지혜의 보고(寶庫)들은 우리의 삶 속에 용기와 희망을 주는 지혜의 등불이 되어줄 것을 믿어 의심치 않습니다.

독자 여러분께!
한 권의 책〈사막에 핀 붉은 장미〉이 당신의 영혼에 힘이 되어 줄 정신적 바이블이 되었으면 합니다.
독자 여러분! 감사 합니다.

24년 6월에
교육타임스 편집장 진 점 규

| 목차 |

제1장 정신 편

1. AI(인공지능)시대와 시대정신   14
2. 위대함의 증언은 무엇인가   18
3. 죽음의 순간에도 희망가를 불러주는 사람   21
4. 타버린 원고   23
5. 인류 역사상 가장 위대한 발명가   26
6. 절대 희망으로 살자   29
7. 인류 역사 최고의 역사서   32
8. 실사구시(實事求是)를 실천하는 실학의 집대성자   35
9. 용서는 하되 잊지는 않겠다.   40
10. 사흘만 세상을 볼 수 있다면   44
11. 당신이 먼저 작은 촛불을 켜세요   48

제2장 **지혜 편**

1. 지혜와 총명의 차이 | 지혜 　　　　　　　　　　　　　　56
2. 인간답게 사는 방법이 무엇인가 | 관용 　　　　　　　　59
3. 침묵의 기술 | 지혜의 가장 좋은 대답 　　　　　　　　　62
4. 낮출수록 커지는 삶의 지혜 | 겸손 　　　　　　　　　　65
5. 양심은 영혼의 소리이다 | 양심(良心) 　　　　　　　　　68
6. 베풀수록 커지는 마음의 양식 | 친절 　　　　　　　　　71
7. 인생을 최고로 사는 지혜 | 근면(勤勉)·성실(誠實) 　　　74
8. 존재하는 모든 것은 창의력의 열매이다 | 창의력 　　　78
9. 어떤 상인의 기지(奇智) 　　　　　　　　　　　　　　　81
10. 불행 뒤에는 반드시 행복이 방문한다 | 행운 　　　　　84
11. 고정관념은 사람을 멍청이로 만든다 | 편견 　　　　　86
12. 위대함만큼 단순한 것도 없다 | 즐거움은 단순함에서 온다　89
13. 지혜는 만인의 보물이지만, 판단력은 현인만의 보물이다. | 판단력　92

제3장 리더십 편

1. 리더의 능력은 언행일치에서 나온다 | 리더의 언행일치 98
2. 마음을 여는 지혜 | 경청의 리더십 101
3. 성공한 사람의 공통점은 하나같이 디테일에 강하다 | 디테일의 리더십 105
4. 자신을 지키는 최고의 가치 | 절제의 리더십 108
5. 누구에게나 자신만의 분야가 있다. | 지식 111
6. 베풀수록 커지는 미덕 | 배려의 리더십 114
7. 지도자의 리더십 | 맹사성의 리더십 118
8. 솔직함과 배려 | 존중의 리더십 121
9. 새로운 일을 시작하기 전에 너무 늦은 나이란 없다 | 열정의 리더십 124
10. 성공한 사람은 화내는 법이 다르다 | 인내의 리더십 127
11. 칭찬의 리더십 | 칭찬의 힘 130
12. 인생의 최대의 자본은 신뢰이다 | 신뢰의 리더십 133

제4장 습관 편

1. 성공의 시작은 좋은 습관에서 온다. | 습관의 힘   140
2. 남에게 친절을 베푸는 습관 | 친절   143
3. 인간에 대한 예의를 갖춰라 | 예의바르게 행동하는 습관   147
4. 몰입하는 습관 | 몰입을 통한 가치관의 변화   149
5. 독서는 마음의 습관이다. | 독서   153
6. 실수 속에서 성장하고 성장하면서 실수를 고친다 | 경험   157
7. 인생의 성공은 인간관계에 있다 | 인간관계의 좋은 습관   160
8. 평상심으로 세상을 감상하는 습관 | 성격   165
9. 오늘 일에 충실하라 | 오늘에 충실 하는 습관   168
10. 에스키모의 막대 | 문화   170

제5장 신념 편

1. 절대긍정이 일궈 낸 성공신화 | 긍정의 힘   174
2. 역경과 시련 | 성공의 씨앗   177
3. 맨손가락으로 나무에 구멍을 뚫어라 | 신념의 위대한 힘   181
4. 가장 중요한 것이 무엇인지 깨닫고 행동으로 옮기자 | 행동   184
5. 고난 속에서 피는 꽃 | 역경과 시련   187
6. 그래서? 그게 뭐 어쨌다고?   189
7. 인간이 할 수 있는 가장 위대한 일 | 용서의 힘   191
8. 세상에 지지마라 | 자신감의 힘   195
9. 위대한 희망은 위대한 인물을 만든다. | 희망   201
11. 사색하기 때문에 나는 존재 한다 | 책   204
12. 가슴 속에 큰바위 얼굴을 품어라 | 꿈   206
13. 2미터 깊이의 걱정 | 근심   208

제6장 행복 편

1. 아름다운 우체부 | 진정한 행복　　　　　　　　212
2. 죽음보다 강한 사랑의 힘 | 진실　　　　　　　　215
3. 영혼의 빛 | 진실　　　　　　　　　　　　　　　218
4. 남을 돕는 것은 자기 자신을 돕는 것이다 | 봉사　220
5. 밤하늘에 북극성은 길을 안내한다. | 좌우명　　　222
6. 소년과 피리 | 불행　　　　　　　　　　　　　　226
7. 크리스마스에 보내는 미소의 가치 | 아름다움　　229
8. 침묵은 절대 배신하지 않는 진정한 친구다 | 침묵　231
9. 남을 먼저 행복하게 해 줘라 | 베풂　　　　　　　234
10. 인생이라는 무대에서의 배우 | 삶　　　　　　　236
11. 어머니의 마음 | 사랑　　　　　　　　　　　　　238
12. 성공을 파는 가게 | 소유물　　　　　　　　　　241
13. 최고의 발명품은 남을 사랑하는 마음이다 | 노화　243
14. 노력해서 얻는 것이 소중하다 | 노동　　　　　　245
15. 당신을 도울 단 사람 | 내 자신　　　　　　　　　248

제1장
정신편

역사는 위대한 인물들이 만들어낸 인류를 향한 대서사시이다.
위대함이란 어떠한 역경과 시련 앞에서도 흔들리지 않는 숭고한 정신이다.
위대한 인물들은 한결같이 실패의 가치를 아는 사람들이다.
약자는 장애물을 '걸림돌'이라고 생각하고
강자는 장애물을 '디딤돌'이라고 생각한다.
영웅이란 '해낼 수 있다'고 믿는 사람들이다.
진정한 위대함이란 무엇보다도 마음의 일이다.
확고함과 관대함으로 활기가 넘치며 시대에 뒤지거나 앞서는 것도 아니다.
행진할 수 있을 만큼만 앞서간다.
활동하는 존재에 꼭 필요한 것이기에 멈출 수가 없다.
그들의 위대한 정신은 인류 역사에 영원히 빛나고,
삶의 진정한 가치가 무엇인가를 깨우쳐주는 금언(金言)을 남겼다.

 **01**

AI(인공지능)시대와 시대정신
이 지구상에 인간을 제와하고 위대한 것은 없다. 인간에게 정신을 제외하고 위대한 것은 없다.
- 윌리엄 해밀턴 경 -

사람은 누구나 변화를 두려워 한다. 변화란 두려움에 대한 새로운 도전이기 때문이다.

현재의 모든 습관과 관습, 안락함까지도 버리고 새롭게 도전하는 것을 좋아하는 사람은 흔치 않을 것이다.

앨빈 토플러가 '제3의 물결'을 발표한 때는 20세기 후반(1980년)이었다. 그는 현대사회의 미래를 예측하고 다양한 사회적 변화에 대응하는 방법을 탐구하는데 중점을 두었다. 그의 주장은 세 가지 파도를 통해 사회의 발전과 변화를 설명하고 정보화 시대에 대한 전망을 제시했다. 그의 예측대로 현재의 제4차 산업혁명시대라는 기술혁신과 디지털기술의 발전에 의한 시대가 왔다.

그가 발표할 때만 해도 컴퓨터와 인터넷이 등장했고 불과 몇 십 년 전일이다. 숨 가쁘게 달려온 인류 앞에는 어느새 네 번째 물결이, 엄청난 파고의 위용으로 다가오고 있다.

그게 바로 우리가 귀가 따갑도록 들어온 AI(인공지능)시대. 첨단과학의 정보화시대이다. AI 시대는 모든 분야는 학교에서, 공장에서 그리고 사회에 이르기까지 그리고 각각의 개인들이 자신과 세상을 보는 관점에 이르기까지 AI 패러다임을 따르는 시대이다. 그리고 그 시대가 오는 이유는 과학기술 시대의 한계와 모순이 깊어졌기 때문이다. 우리는 문명의 붕괴 위기를 겪고 있는 시대에 살고 있다고 볼 수 있다.

AI(인공지능)은 제4차 산업혁명의 핵심으로 빠르게 진화하면서 우리 삶 속에 깊이 스며들고 있다. AI 청소 로봇이 집안을 누비며 쓸고 닦고 있으며 AI 스피커는 나름대로 개인 비서 역할까지 시작하고 있다. 의료계, 법조계 등 다양한 전문 영역에도 이미 도입되어 활약 중이다. AI는 데이터를 필요로 한다. 데이터는 21세기 최고의 자본이 되었다.

그래서 AI의 시대는 문화의 시대이며 대중의 시대라고 말할 수 있다.

AI시대 학교 교육도 많은 변화의 파고를 예고하고 있다.

예전에 산업화 시대의 교육은 같은 학교에서 같은 교육을 통해 동질의 인재를 다량으로 빠르게 키워내는 데 치중했었다면, 이제는 같은 모습으로 키워진 대량화 시대의 교육에서, 학생 개인의 개성이 빛나는 다채로움의 시대로 가는 교육을 지향해야 할 것이다.

AI(인공지능)시대 교육은 창의력, 소통·협업능력, 비판적 사고력 등을 키우는 역량 교육이 강화되어야 함과 동시에 '인간다움과 미래다움이 공존하는 교육 패러다임 실현'으로 설정되어야 한다.

시대정신(時代精神)"이라는 용어는 독일의 철학자 헤겔이 처음 사용한 개념이다.

어떤 시대의 사회 일반에 널리 퍼져 그 시대를 지배하는 정신을 '시대정신'이라고 말한다.

헤겔은 인류의 역사에서 어떤 시대이든 간에, 그 시대를 관통하는 하나의 절대적인 정신이 있다고 보고 그것을 시대정신이라는 단어로 불렀으며, 그 시대정신은 한 시대가 끝날 때에만 알 수 있다고 말했다.

AI(인공지능)시대 시니어 모델(50-60세)의 시대정신은 무엇일까?

그것은 다름 아닌 자신의 삶을 다시 새롭게 정의하고 기존방식에 머무르지 않고 새로운 도전과 창조로 미래를 대비해야한다는 점에 있다고 본다.

과거에는 인간에 대한 경험이 부족한 인공지능보다 더 많은 인간적인 특성이 필요한 모델들이 많았지만 AI기술의 발전으로 인해 많은 인간의 업무가 대체되고 있고 삶의 가치와 의미를 존중하면서도 창의성과 적극적인 태도를 유지하는 것이 무엇보다 중요하게 여겨지고 있다. 이러한 방식의 적극성은 새로운 도전을 받아들이는 능력과 끊임없는 발전의 의미가 필요하며 이는 시니어 모델들이 가진 가치와 장점이다.

첨단기술이 발전하면 할수록 인간의 따뜻한 감성은 더욱더 중요해지고 있다. 감각의 시대 하이테크(high-tech) 가 아닌 감성의 시대 하이터치(high-tuch)여야만 하는 이유이다.

시니어 모델은 자신의 세대에 대한 소양과 지식을 바탕으로 AI시대의 변화와 발전에 맞춰 자신의 역할을 배양해 가야한다. 이를 통해 시니어모델은 인공지능시대의 새로운 도전과 기회를 만들어 나아가야 하며 함께 더 나은 미래를 만들어가려고 노력하는 것이 시이어 모델의 시대정신이라고 할 수 있다.

미래사회는 인간만의 감성과 창의력이 절실히 요구되는 시대이다. 다른 사람을 이해하고 공감할 줄 아는 마음, 타인과 소통할 줄 아는 능력, 그리고 인간이 왜 존재하는지, 어떻게 살아야 하는지를 탐구하는 자세와 같은 것들 말이다.

아이러니하게도 첨단을 달리는 미래 시대에는 고리타분해 보이는 전통적이고도 전통적인 '삶의 본질'에 대한 탐구와 고민에 관한 공부가 가장 중요한 공부가 될 수 있다.

바로 우리가 흔히 '인문학'이라고 부르는 영역이다.

시니어 세대들은 '고전의 지혜를 통해 인간답게 사는 것이 무엇인지, 삶의 진정한 가치가 무엇인지를 선도하고 선행해 나가는 것이 무엇보다 중요한 시대정신이다.' 라고 본다.

이는 많은 세대에 영감과 희망을 주고 선한 영향력을 전달할 것이다.

> 인문학이란 인간의 가치탐구와 표현활동을 대상으로 하는 학문입니다.
> 궁극적으로 인간답게 사는 것이 무엇인가를 배우고 깨우치는 학문이다.
> 언어, 문학, 역사, 법률, 철학 등등 광범위한 학문영역이 인문학에 포함된다.

위대함의 증언은 무엇인가
위대함이란 어떠한 역경과 시련 앞에서도 흔들리지 않는 숭고한 정신이다. – 루트비히 베토벤 –

　흔히 사람들은 위대함에 대해서 말할 때 어떠한 큰 업적을 남겼다든가, 아니면 크게 출세를 했을 때 또는 경제적으로 큰 성공을 이루었을 때 위대하다고 말하는 경우가 있다. 물론 그들이 이루어낸 성과나 결과물에 대해서 중요하게 생각하지 않는 것은 아니다. 그러나 위대함이란 겉으로 드러나는 외형적인 것이 아니다. 내면에 잠재된 열정과 숭고함으로 이루어진 정신 자세이다.

　고전주의 음악의 완성자라고 부르는 악성 베토벤은 인생의 승리를 온몸으로 불태운 사람이다.
　그는 가난한 집안에서 10대 시절부터 소년 가장으로 살아야 했다. 그에게는 부양해야 할 동생들과 병으로 누워 계신 어머니를 돌봐야 했다.
　소년에게는 매우 벅찬 일이었지만 자신의 일에 소홀하지 않았다. 그는 타고난 음악적 천재성도 있었지만 연습도 게을리 하는 법이 없었다. 타고난 재능과 피나는 노력으로 그의 실력은 일취월장했다. 그의 음악은 왕은 물론 귀족들의 가슴을 깊은 감동으로 이끌었다.
　그의 명성은 날로 높아만 갔다. 그러나 불행하게도 청각을 잃고 말랐다. 음악가로서 청각을 잃었다는 것은 목숨을 잃는 것과 같다. 슬픔에 잠겨있는 베토벤은 죽음을 생각했다. 유서를 써 놓고 죽으려고 하는 순간 어머니의 모습이 떠올랐다.

　그는 유서를 찢어버리고 죽음대신 음악을 선택했다. 베토벤은 귀로 듣지 못하는 것을 마음으로 듣기로 했던 것이다. 그는 자연에서 사람들의 몸짓을 보며 음악에 대한 구상을 떠올렸다. 마음으로 듣는 음악적 영감은 귀로 들을 수 없는 새로움이었다. 그는 영감이 떠오르면 즉시 악보로 옮겼다. 그렇게 작곡한 그의 음악은 인류의 역사에 빛나는 업적으로 남겼다.
　특히 〈제9교향곡〉, 〈월광 소나타〉등은 불후의 명곡으로 꼽힌다.
　베토벤은 "위대함이란 어떠한 역경과 시련에 봉착하드래도 흔들리지 않는 마음가짐이다"라고 말했다. 그는 죽음을 선택해야만 하는 절망적인 순간에도 살아야겠다는 의지를 불태웠다.
　베토벤은 결심했다. 인류를 위해서 새로운 음악을 만들겠다고. 이 결심은 결국 그를 독일을 대표하는 음악가이자 세계적인 악성으로 만들었다.

　그는 청각자애를 딛고 일어서, 사람들의 영혼을 울리는 위대한 음악을 남길 수가 있었던 것이다. 죽음을 선택해야만 하는 가혹한 현실 앞에 무릎을 꿇지않고 도전하는 그의 위대한 정신과 음악을 사랑했던 그의 영혼은 인류사에 영원히 빛날 것이다.

진정한 위대함이란 무엇보다도 마음의 일이다. 확고함과 관대함으로 활기가 넘치며 시대에 뒤지거나 앞서는 것도 아니다. 행진할 수 있을 만큼만 앞서 간다.
활동하는 존재에 꼭 필요한 것이기에 멈출 수가 없다.
역사는 위대한 인물들이 만들어낸 인류를 향한 대서사시이다.

03

죽음의 순간에도 희망가를 불러주는 사람

위인의 생애는 인간의 위대한 힘을 증명하는 영원한 유물로 남는다.
사람은 죽어 없어지지만, 위인의 사상과 업적은 민족에게 영원한 발자취를 남긴다.
- 사무엘 스마일스(영국, 사상가) -

남극 탐험가 로버트 스콧 대령의 추도식 때 영국 왕은 바다에 무릎을 꿇고 경의를 표했다. 그것은 일개 군인의 용기와 기백에 대한 존경을 넘어서 생명이 다하는 순간까지 '희망의 노래'를 불렀던 위대한 인간에 대한 존경의 표시였다.

1912년 1월 18일, 스콧 대령은 부하 대원 32명과 함께 남극을 탐험했다.

아문젠에 이어 두 번째로 남극을 정복했다.

그는 돌아오는 길에 빙산을 만나 물 위에 떠있게 되었다. 영하 42도의 강추위 속에 식량은 고갈되기 시작했다. 구조헬기를 기다렸지만 위험한 곳이라 갈 수가 없는 지경이었다.

그들은 빙산 위에 텐트를 치고 얼마 남지 않는 식량을 나눠먹으며 구조헬기를 기다리고 있었다.

스콧의 일기에는 다음과 같은 글이 적혀 있었다.
이제 우리는 죽는다. 연료와 식량은 동이 났고 동상으로 몸을 움직일 수조차 없다.
절체절명의 상태다. 그러나 우리는 다시 태어나도 안일한 삶보다는 차라리 지금의 고통을 택할 것이다. 우리는 아직도 천막 속에서 '희망의 노래'를 부르고 있다.

그들은 더 이상 내딛을 곳 없는 막다른 골목, 벼랑 끝에서도 희망의 노래를 부르고 있었다. 리더는 희망을 주는 사람이다. 리더는 어렵고 힘든 삶의 고비를 넘을 때마다 '나는 지금 내 전기의 가장 어두운 부분을 쓰고 있다.'라고 생각하는 사람이다.
실패 없는 성공은 없다. 인생이란 두려움으로, 방어적으로 산 사람에게 승리의 면류관을 씌워 주지 않는다. 리더는 실패하고 불행한 무명 시절을 견뎌내는 사람에게 "잘 참고 있구나. 곧 웃으면서 이 힘든 시절을 이야기할 때가 올 거야!"라고 위로하고 격려해 줄줄 아는 사람이다. 그들은 죽음의 순간에도 '희망가'를 부르면서 생(生)의 마지막을 준비했다.

> 그들의 위대한 정신은 인류역사에 영원히 빛나고, 삶의 진정한 가치가 무엇인가를 깨우쳐주는 금언(金言)을 남겼다.

04

타버린 원고

우리의 중요한 의무는 멀리 있는 것, 희미한 것을 보는 게 아니라 가까이 있는 분명한 것을 실천하는 것이다.   - 토마스 칼라일(영국, 역사학자) -

　토마스 칼라일은 19세기 영국을 대표하는 철학자, 비평가로 잘 알려져 있다. 그는 "오늘을 사랑하라"라는 말을 귀에 딱지 앉게 이야기했던 비평가로 유명하다. 그는 대자연은 신의 의복이고 모든 상식·형식 제도는 가공의 존재에 불과하다고 주장하면서 경험론적 철학과 공리주의에 도전하기도 했다.

　그는 대작을 집필하기 위해 몇 년 동안 바깥 출입도 못하고, 두문분출하며 오로지 집필에만 매달렸다. 마침내 수천 장의 원고가 1권의 책 분량으로 완성이 되었다.

　그는 이웃에 사는 친구 "존 스튜어트 밀"에게 원고 검수를 맡겼다.

그런데 이게 웬일인가! 그가 잠시 산책을 다녀온 사이 그 중요한 원고가 휴지뭉치로 착각한 하녀가 몽땅 불쏘시개로 태워버렸다.

며칠 뒤, 친구 밀이 새파랗게 질린 얼굴로 달려왔다.

하녀의 실수로 그 원고가 몽땅 불태워졌다는 것이다.

그가 몇 년 동안 정성을 들여 쓴 원고가 순식간에 '물거품'이 되어버린 순간이었다. 그는 망연자실했다. 그는 이 충격으로 인해 한 동안 무기력증에 빠졌다. 우울증까지 걸리게 되었다. 그후 방황하며 허송세월을 보내게 되었다.

그가 실의에 빠진 어느 날,

여름 폭우로 무너진 집 담벼락을 쌓기 위해 인부들은 이른 새벽부터 와서 땅을 파고 바닥을 고르기 시작했다.

이때 우연히 벽돌을 쌓는 노동자가 벽돌을 한 장씩 쌓아 올리는 모습을 발견하게 되었다.

그는 그 순간 깨달음을 얻었다.

"저 벽돌공처럼 오늘부터 나도 다시 시작해 보자. 벽돌공이 한 장 한 장 쌓아 집을 완성하는 것처럼 나도 매일매일 한 페이지를 쓰자."

그는 그날 이후 날마다 한 페이지씩을 다시 쓰기 시작했다.

또한 친구 밀에게도 분이 풀리지 않았겠지만 그를 너그럽게 용서한다는 편지를 보냈다.

"시작이 반이라고 했다. 난 시작을 했으니 이미 반을 한 것과 마찬가지다."

그는 용기를 내고 정신을 새롭게 가다듬었다. 그리고 그는 피를 찍어서 쓰는 심정으로 원고를 써 내려갔다.

그 후 몇 년에 걸쳐 원고가 완성되었다. 그 원고가 인류사에 불후의 명작이 된 『프랑스혁명사』이다.

> 위대한 인물들은 한결같이 실패의 가치를 아는 사람들이다.
> 약자는 장애물을 걸림돌이라고 생각하고, 강자는 장애물을 디딤돌이라고 생각한다.
> 영웅이란 '해낼 수 있다'고 믿는 사람들이다.

05

인류 역사상 가장 위대한 발명가   - 에디슨 -

우리는 많은 것을 토마스 에디슨에게 빚지고 있다. 만약 우리가 그를 만나지 못했다면 우리는 촛불 아래 서 TV를 보고 있을 것이다.   - 밀튼 벌(미국, 코미디배우) -

"천재란 99%의 땀과 1%의 영감으로 만들어진다"라는 명언을 남긴 토마스 에디슨은 그의 천재성 못지 않게 정신세계 또한 위대했다.

어느 날 그의 연구실에 불이 났다. 화재는 옆 창고까지 번져서 그가 수십 년 동안 연구에 필요한 모든 실험도구들이 송두리째 불탔고 현장은 잿더미로 변해버렸다.

불길이 하늘을 치솟고 있을 때 큰아들 찰스는 불길 속에서 미친듯이 아버지를 부르면서 찾고 있었다. 그때 에디슨은 불길을 응시하며 쳐다보면서 아들 찰스에게 말했다. "어머니는 어디계시냐?" 망연자실한 그의 아내는 그 자리에서 넋을 잃고 쓰러져 흐느끼고 있었다.

그때 에디슨이 다가와 흐느끼는 아내를 껴안으며 말한다.

"여보, 지금까지 모든 실패는 저 불길 속에 타들어 갔소. 이제부터 다시 시작하는 거요.

신은 우리를 절대로 버리지 않을 것이오. 우리 새롭게 다시 시작합시다."

잿더미로 변해버린 연구실을 바라보는 그의 눈빛 속에는 어떤 위대함에 도전하는 결의가 빛나고 있었다. 그 후 그는 어떤 시련 속에서도 좌절하지 않고 1,300개 넘는 발명품을 만들어 인류에 공헌하였다.

에머슨은 이렇게 말했다.

"강한 신념은 위대하고 고귀한 인물임을 증명해 주는 가장 확실한 지표이다. 그렇기 때문에 위대한 성공을 거둔 사람들은 환경이 변한다고 해서 목표나 초심이 흔들리지 않는다.

이들은 끝까지 도전하여 장애를 극복하고 목표를 달성한다."

한 사람의 인품을 평가할 때 가장 좋은 방법은 그 사람이 실패를 겪은 후 어떻게 행동하는 지를 살펴보는 것이다. 실패하고도 더 많이 계획하고 목표를 세우고 끊임없이 지혜를 발휘할 수 있는가? 새로운 지혜를 만들어낼 수 있는가? 더 큰 잠재력을 끌어낼 수 있는가? 실패한 후에 확고한 결단력을 보여주는가, 아니면 풀이 죽고 상심하는가?

쓰러지더라도 다시 일어서면 실패를 성공으로 바꿀 수 있다. 역사상 위대한 인물들은 모두 이런 과정을 거치면서 성공했다.

어린 아이에게 "넌 어떻게 스키를 배웠니?"라고 물어보았다. 아이는

"음, 넘어지면 일어서고, 일어섰다 또 넘어지고 그러면서 배웠어요"라고 대답한다. 한 개인의 성공, 군대의 승리는 모두 이런 정신이 있어야 가능하다. 넘어진 것이 곧 실패는 아니다. 그러나 다시 일어나 도전하지 못하면 그것은 완벽한 실패가 된다.

실패는 한 사람의 인격을 평가하는 시험 무대이다. 철저히 실패하고 몸밖에 남은 것이 없는 사람은 얼마나 큰 잠재 능력을 가지고 있을까? 다시 도전할 용기를 잃고 스스로 패배자임을 인정한다면 그 사람의 잠재 능력은 영원히 빛을 볼 수 없을 것이다. 두려움 없이 용감하게 전진하고 절대 포기하지 않는 사람은 실패를 통해 더 큰 성공과 위대한 업적을 이룬다.

> 어떤 사람들은 이미 여러 번 실패했기 때문에 다시 도전해도 소용없을 것이라고 생각한다. 이렇게 스스로 포기하는 것은 곧 자신을 버리는 행위이다. 끝까지 포기하지 않는 강한 의지를 지닌 사람은 성공이 아무리 멀리 있어도, 혹은 아무리 많은 실패를 경험하더라도 결국 최후의 승리자가 될 수 있다.

절대 희망으로 살자 - 죽음의 수용소에서 -
삶은 항상 불완전하며, 그 불완전함 속에서도 의미를 찾아야한다.   - 빅터 프랭클 -

　빅터 프랭클은 오스트리아 출신으로 1900년대에 활동한 유대인 신경학자이며 심리학자·정신과 의사이다.

　그는 1942년 9월 나치에게 체포되어 3년 동안 악명 높은 아우슈비츠 수용소에 수감되었다. 그곳에 있는 동안 그는 눈앞에서 아버지와 어머니, 형제, 임신한 아내가 검은 연기로 사라지는 것을 보았다. 슬픔을 느낄 여유도 없었다. 오후가 되면 나치들이 막사 문을 밀치고 들어와 일렬로 선 유대인들 중에서 그날 처형자들을 골라냈다.

　빅터 프랭클은 순간순간 죽음으로 몰아가는 혹독한 환경 속에 있었지만 그 누구도 자기에게 빼앗지 못하는 것 하나가 있음을 자각했다. 그것은 어떤 경우에도 자신이 마음먹을 수 있는 자유였다.

그는 하루 종일 힘든 노동을 끝내고 곤죽이 된 몸으로 막사에 돌아왔지만, 잠시 허리를 펴고 노을로 물든 서편 하늘을 바라보며 "세상이 이렇게 아름다울 수도 있다니!"라고 감탄했다.

막사 주위에 피어난 작은 꽃들을 보면서 자연의 경이로움을 느꼈다. 비록 자신의 목숨은 나치 손에 달려 있었지만, 아무에게도 빼앗길 수 없는 정신적 자유는 그 자신에게 있었던 것이다.

절망적인 상황에서도 자기의 태도를 결정할 수 있는 자유는 바로 나에게 있다.

절대 절망에 발목을 잡혀 쓰러지지 마라. 환경의 영향에서 자유로운 사람은 어떤 역경이 닥치더라도 낙담하거나 좌절하지 않는다. 사람은 희망을 먹고사는 존재이다. 절대 희망으로 살아라.

빅터 프랭클은 "삶에 의미를 부여하는 것은 삶에 대한 책임감이라고 강조했다.

내 삶의 의미가 무엇인가? 라고 묻는 것이 아니라 삶이 내게 질문을 던지고 있으며 이에 응답해야 한다고 말한다.

삶의 의미는 그 질문에 대답하는 과정에 있다. 의미란 인간의 내면이나 정신적인 부분에 있는 것이 아니라 바로 지금 여기 구체적인 세상에 있다.

이런 맥락에서 우리에게 필요한 것은 긴장 없는 태평한 마음 상태가 아니라 가치 있는 목표 자유 의지로 선택한 목표를 향해 나가는 정신의 역동성이다."라고 말했다. 그는 3년 후 죽음의 수용소에서 무사히 귀환하여 그 후 세계 여러곳을 다니며 수많은 강연을 하였다.

그리고 정신과 의사로 활동하면서 98세의 일기로 생(生)을 마감하였다.

> 원대한 희망을 지닌 사람은 목표에 도달하는 다양한 길을 찾으며 새로운 방법을 기꺼이 시도 한다. 반면에 작은 희망을 지닌 사람은 한 가지 방법만 고집하며 난관에 봉착했을 때 다른 길을 찾지 않는다.
> 원대한 희망을 지닌 사람은 구체적인 결과를 만들기 위해 100% 전념한다. 그들은 흔들림 없이 목표를 확고하게 유지하지만 목표를 달성하는 과정이나 방법은 매우 유연하게 조정한다.

인류 역사 최고의 역사서 — 사마천의 사기(史記) —

역사의 효과는 우리의 뿌리를 알게 해 주는 것이다. 우리가 태어났을 때 우리는 거의 텅빈 그릇이었고 우리의 전통이 우리에게 주는 대로 성장하기 때문이다. — 핸드판사 —

인류 역사를 통틀어 최고의 역사서 한 권을 뽑으라면 〈사기〉라 할 수 있다.

자연인 한 사람이 기록했다기에는 믿기 어려울 정도로 죽간(竹簡)에 먹으로 모든 역사적 사건의 상관관계를 크게 어긋남 없이 서술하였다. 수많은 역사 애호가들이 〈사기〉를 읽는 것은 그 안에 인간의 이야기가 있기 때문이다.

〈사기〉는 국가의 역사서가 아닌 개인 저작물이다. 상상력을 동원하지 않았다면 독창적인 서술 형식을 창조하지 못했을 것이다. 밀실에서 대화를 나눴으니 기록이 남을 리 없다. 그런데도 사마천은 마치 그 밀담을 옆에서 들은 것처럼 상세하게 전지적 작가 시점으로 기록했다.

이릉은 사격의 명수로 흉노족에게 명성을 날리던 장수였다. 오랫동안 한나라를 괴롭히던 흉노를 정벌하기 위해 군사 5천 명을 이끌고 적진에 들어가 큰 공을 세웠지만, 이릉이 포로가 되는 바람에 장군을 잃은 4백여 명의 병사들은 패잔병이 되어 돌아왔다.

한무제는 화를 내지 않았다. 그러나 이릉이 전사하지 않고 포로가 되었다는 소식이 전해지자 한무제는 '이릉'의 배신에 격노했다. 이릉에게 칭송을 아끼지 않던 자들이 그 이전 행동 하나까지 몰아세우며, 심지어 조부의 행적조차 이릉을 모함하는 자료가 되었다. 아무도 입을 열지 않았는데 단 한 사람, 괴로운 표정으로 이를 지켜보던 사마천이 조용히 입을 열어 '이릉이 비록 포로가 되긴 했지만, 충성심은 변하지 않았을 것'이라고 말했다. 이 말을 들은 한무제는 대노하며 사마천을 궁형에 처했다. 이릉의 처자와 부모 형제는 모두 죽임을 당했다.

반년 뒤 이 소식이 이릉에게 전해졌다. 지금까지 적장의 회유에도 꿈쩍 않던 이릉은 적장의 딸과 결혼하고 흉노의 장군이 되어 오랜 세월을 두고 한나라 군대를 괴롭혔다. 이 비극은 전설이 되어 중국 민중 사이에 퍼져나갔다. 이릉은 흉노 지역이 한낱 야비한 오랑캐 땅이라 생각했지만, 점차 그 땅의 풍토와 기후 등을 고려하면 절대 그렇지 않다는 것을 생활하면서 알게 되었다.

중국 최고의 역사서 〈사기〉의 저자 사마천은 집필 7년 차에 '이릉의 화'를 당했다. 서슬 퍼런 한무제 한 마디에 생식기가 잘리는 궁형에 처해 졌다. 목숨을 끊지 않고 치욕을 견딘 것은 〈사기〉 집필을 위해서였고, 역사 문헌 폐기를 원통히 여긴 부친의 탄식 때문이었다. 아무리 옳은 말이라도 상황에 따라 가려서 해야 한다는 교훈을 우리에게 남긴다.

이릉을 변호하다가 당한 치욕에 대한 복수이기도 하다. 욕된 형벌을 한무제에게 되돌려 주지는 못했지만, 치욕에 대한 질책을 보상받아 역사의 심판대에 승자가 되어 그는 뜻을 이루었다.

한무제는 올곧은 신하를 박해한 어리석은 군주가 되었고 사마천은 기나긴 세월 동안 대중의 존경과 사랑을 받았으니 이토록 우아하고 지성적인 복수가 문명의 역사에 또 어디 있을까. -〈지혜의 인문학〉발췌

> 오래전 박경리 작가에게 기자가 물었다. 작가님, 살아가면서 괴롭고 힘들 때는 무슨 생각을 하십니까? 하고 물었다. 저는 괴롭고 힘들 때는 깊은 밤, 중국의 사마천을 생각합니다. 그분은 궁형을 당한 비참한 몸으로 8톤 차 두 대 분량의 죽간에 먹으로 〈사기〉를 써내려간 사람입니다.
> 이보다 위대한 사람이 어디 있겠습니까! 하고 말했다.

 **08**

실사구시(實事求是)를 실천하는 실학의 집대성자
- 다산(茶山) 정약용 -

진정한 위인은 누구도 지배하려 하지 않으며, 그 누구의 지배도 받지 않는다.　　　- 칼릴 지브란 -

　때는 1801년(순조원년) 12월 초순 살을 에는 추운 겨울날이었다.

　전라남도 나주의 밤남정 삼거리 작은 초막에서 형제는 눈물로 밤을 보내고 있었다. 이 밤이 지나고 아침이 오면 미래를 기약할 수 없는 절망의 세상으로 서로가 헤어져야 했다. 한 사람은 절해고도 흑산도로 또 한 사람은 이 땅의 끝 극변 강진으로 유배를 가는 것이었다. 형제는 서로를 부여안고 서로를 애통해 하고 있었다. 그러나 누가 알았을까?

　이렇게 헤어져 영영 만나지 못하게 되는 마지막 밤이 될 줄이야...

　이들이 바로 실학을 집대성하여 완성시킨 우리나라를 대표하는 목민학자 다산(茶山) 정약용과 유배지 흑산도에서 〈자산어보를 〉지은 그의 형 손암(巽庵) 정약전이다.

다산(茶山)은 규장각 초계 문신으로 발탁되어 정조의 총애 속에서 재주와 능력을 인정받게 된다. 그가 제작한 배사다리 설계(배를 띄워서 만든 다리)에서 재주를 보인 다산(茶山)은 31세에 부친상으로 여막살이를 하는 동안 정조로부터 수원 화성 설계를 명령받게 된다.

수원 화성은 조선 정조 때 건설된 성곽으로 유네스코 세계문화유산으로 등재되었다.

다산(茶山)은 수원 화성 건축에 중요한 역할을 했으며 특히 성곽 건설의 효율성을 높이기 위해 다양한 기술을 도입했다.

그가 발명한 거중기는 무거운 돌을 올려 성벽을 쌓는데 사용했다. 이 기계는 도르래의 원리를 이용해 노동력을 크게 절감하고 작업의 효율성을 높였다. 거중기의 설계와 활용은 당시로서는 혁신적긴 기술이었다.

그런 정약용에 대해 정조의 믿음은 남달랐다. 그는 믿음을 한 번도 거스른 적이 없었던 것이다. 정조의 총애 아래 승승장구하였으나 노론 벽파의 끊임없는 견제와 음모에 늘 시달렸다. 그때마다 정조는 "한직으로 잠시 물러나 있게나" 정조 자신이 그를 대변해 주며 정적으로부터 예봉을 피하게 해주었다. 그러나 자신의 정치적 후견인 영의정 번암(繁巖) 채제공이 세상과 이별하고 뒤이어 1800년에 정조 대왕이 승하하면서 그의 인생에 어두운 먹구름이 몰려오기 시작했다.

신유박해(천주교 탄압) 사건으로 다산(茶山)의 집안은 멸문지화를 맞게 된다.

이 사건으로 다산(茶山)의 셋째 형 정약종은 진실한 신앙인으로 순교

했으며 그의 아들 딸들도 천주교로 인해 요절하고 말았다.

　그 후 그는 강진으로 유배길이 올랐고 강진에서 (1808년- 1818년까지) 10년간 머물렀다 그는 이곳에서 대한민국 학보 제1호 불후불멸의 대서(大書) 목민심서를 비롯한 500여권의 저서를 집필하였다. 그의 저서는 철학, 정치, 경제, 과학 등 다양한 분야를 아우르고 있다.
　다산(茶山)의 주요 저서는 〈목민심서〉〈경제유표〉〈흠흠신서〉 등이 있다.
　특히 그는 실학사상의 대표적인 학자중 하나로 실사구시(實事를求是)를 중시했다. 이는 실제 사실과 실용적인 지식을 통해 사회문제를 해결하려는 사상이다. 목민심서()牧民心書)는 지방관의 올바른 자세와 행정을 다룬 책으로 청렴한 관리의 필요성을 강조했다.
　다산(茶山)은 지도자가 자기를 먼저 다스려 인격과 교양을 갖춰야 나랏일을 할 수 있다고 했다.
　사람다운 사람이 안 되면 어떤 능력으로도 나라다운 나라를 만들 수 없다고 지적했다.
　그의 민본주의 정신은 백성이 나라의 근본이고 근본이 튼튼해야 나라가 안녕을 유지할 수 있다고 했다. 그는 왕권 강화보다는 백성의 안녕과 복지를 우선시하는 정책을 지지했다.

　특히 그는 어렵고 어두운 유배생활에서도 자신의 고달픈 삶을 토로하지 않으면서 아들들이 훌륭한 사람으로 성장하기를 원하는 아버지의 간절한 바람을 편지로 보냈다.

〈 유배지에서 보낸 편지〉

다음은 둘째 아들 학유에게 전하는 편지에 이런 구절이 있다.

"세상을 살아가는 사람은 한 때의 재해를 당했다고 해서 청운(靑雲)의 뜻을 꺾어서는 안 된다. 사나이 가슴 속에는 항상 가을 매가 하늘을 치솟아 오르는 듯한 기상을 품고서 천지를 조그마하게 보고 우주도 가볍게 손으로 요리할 수 있다는 생각을 지녀야 옳다."

아무리 힘들고 불합리한 일을 당했더라도 가슴에 품은 뜻을 꺾지 말라는 뜻일 게다.

다산(茶山) 본인은 비록 누명을 쓰고 유배 길에 올라있지만 그의 자식은 이유와 상관없이 역적 죄인의 아들로 살아야했기 때문에 행여나 인생의 희망을 잃고 자포자기나 하지 않을까 걱정하는 마음이었다. 이러한 이유로 아들에게 희망을 주기위해 아무리 힘들고 불합리한 일을 당했더라도 가슴에 품은 뜻을 꺾지 말라는 애정 어린 조언을 남겼다. 오늘날 높은 현실의 벽에 주저앉은 청춘들에게 유용한 명언이다.

다산(茶山)은 모든 학문의 근본은 '효(孝)와 제효(孝)'라 하였고 인간으로서의 양심, 인간을 인간으로 대접하겠다는 사회생활의 기본적 자세, 인간답게 살아가려는 인간 의지의 성취 등 인간의 원리와 근본을 체득하지 않은 채 연구된 학문은 뿌리 없는 나무, 모래 위에 세운 누각이 되어 위험천만이라 했다. 부모에게 효도하고 나라에 충성하자는 주장은 반드시 이러한 개념으로 정리된 후에 권장되어야 함을 여기에서 알 수 있다.

"독서를 하려면 반드시 먼저 근본을 확립해야 한다. 근본이란 무엇을 일컬음인가. 학문에 뜻을 두지 않으면 독서를 할 수 없으며, 학문에 뜻을 둔다고 했을 때는 반드시 먼저 근본을 확립해야 한다. 근본이란 무엇을 일컬음인가. 오직 효제(孝弟)가 그것이다. 반드시 먼저 효제를 힘써 실천함으로써 근본을 확립해야 하고, 근본이 확립되고 나면 학문은 자연스럽게 몸에 배어들고 넉넉해진다. 학문이 이미 몸에 배어들고 넉넉해지면 특별히 순서에 따른 독서의 단계를 강구하지 않아도 괜찮다."

이 편지들을 읽어보면 세상을 어떻게 살아야 하며, 무슨 공부를 어떤 방법으로 해야 하는가를 살펴볼 수 있는 한편, 불의와 조금도 타협하지 않는 다산의 매서운 선비정신을 엿볼 수 있다. 그는 18년의 긴 유배를 마치고 돌아와 저술의 수정 보완을 계속하였으며 1836년 회혼을 축하하기위해 모인 가족들이 보는 가운데 세상을 떠났다.

> 다산(茶山)의 실용적이고 인간중심적인 사상과 업적은 시대를 넘어서 현대에 사는 우리들에게 큰 영향을 미치고 있으며 한국 역사에서 중요한 학자로 평가받고 있다.
> 다산의 가르침을 세계화 하는 게 우리의 국격을 높이는 것이다.
> 영국에는 섹스피어가 있고 독일에는 괴테가 있다. 한국에는 다산(茶山)이 있다.

용서는 하되 잊지는 않겠다.

삶에서 중요한 것은 우리가 살았다는 단순한 사실이 아니다. 다른 사람들의 삶을 어떻게 변화시켰는지가 우리 삶의 의미를 결정할 것이다.   - 넬슨 만델라 -

"인생의 가장 큰 영광은 절대 넘어지지 않는 데 있는 것이 아니라 넘어질 때마다 일어서는 데 있다." 남아프리카 공화국의 최초의 흑인 대통령이자 최초의 보통선거 실시 이후 선출된 넬슨 만델라의 말이다.

오늘날 남아프리카 공화국에서 존경받는 인물로 사실상 남아공의 정신적인 국부(國父)다.

그는 1918년 7월 18일 남아프리카연방 트란스케이 움타타에서 코사족 부족장의 아들로 태어났다. 아버지로부터 '나뭇가지를 잡아당긴다' 뜻의 롤리랄라 이름을 처음으로 받았다.

넬슨(Nelson)은 초등학생 때 교사가 지어준 영어식 이름이다. 이후 넬슨 롤리랄라 만델라는 그의 정식 이름이 되었다.

그는 남아공 옛 백인 정권의 악명 높았던 인종 차별 정책인 아파르트헤이트에 맞서는 투쟁활동을 벌였다. 만델라와 ANC(민족회의)는 처음엔 간디의 비폭력 무저항주의를 받아들여 평화적 투쟁방법을 모색했다.

그런데 1960년 3월 21일 샤프빌 학살(Sharpville massacre)에서 시위대에게 무차별 총격을 가하는 잔인한 경찰을 보고 만델라는 무장투쟁의 필요성을 절감한다.

만델라가 지하투쟁론을 제기하자 ANC(민족회의) 내부에서도 의견이 갈렸지만, 비폭력을 유지하자고 주장했던 앨버트 루툴리(Albert Luthuli)의 협상안에 따라 ANC의 법적 근거 및 대외적인 우호적 여론을 위해 독립적으로 운영하기로 합의한다.

그렇게 만델라는 1961년에 무장투쟁 조직인 '민족의 창(uMkhonto we Sizwe, 약칭 MK)'을 결성한다.

그 후 그는 경찰의 추적이 끊이지 않은데다 현상금에 눈이 먼 흑인들의 밀고까지 합쳐지는 등 포위망이 좁혀졌고, 결정적으로 미국의 CIA가 만델라의 위치에 대한 정보를 제공하면서 만델라는 당국에 체포되어 종신형을[17] 선고받고 무려 27년 동안 투옥되었다. 총 27년의 기간 중 로벤 섬(죽음의 섬)에서 18년을 생활하였다.

이러한 장기간의 수감생활로 인해 자식들을 제대로 보지 못했고, 모친과 맏아들이 사망했을 때에도 장례식에 참석할 수가 없었을 정도였다. 이러한 수감생활 속에서도 남아공 대통령들에게 편지를 쓰고 ANC 회원들과 연락을 하는 등 할 것은 했다고는 하지만 어쨌든 고된 시간이었음은 변함이 없었다. 그는 열악한 상황 속에서도 투쟁을 통해 교도소의 환경을 개선시킨다거나 하는 일을 벌였다. 그가 갇혀 있는 동안 남아공의 흑인들과 해외 재야 인사들이 석방운동을 줄기차게 벌였다.

만델라가 대통령이 된 후, 정부에 있던 모든 백인들은 짐을 싸기 시작했다. 그러나 만델라는 '진실과 화해 위원회'를 구성해 과거의 인권 침해 범죄에 대한 진실을 낱낱이 밝혔지만 그들을 사면했다. "용서하되 잊진 않는다."란 슬로건 아래 단 한 명도 과거사로 처벌하지 않았고 오히려 당시 남아공의 위기를 함께 해결해야 한다고 강조했다. 덕분에 당시 많은 남아공 백인들이 남게 되어 그들의 사회적, 경제적 영향력까지 흡수할 수 있었다.

만델라는 자신의 수감생활에 가장 큰 역할을 한 P. W. 보타 전 대통령에게도 책임을 묻지 않았다.

훗날 만델라는 오프라 윈프리와의 인터뷰에서 "어떻게 감옥 생활을 하면서 복수심이 아닌 용서의 마음을 가질 수 있었는가?"라는 질문에 "만약 내가 감옥에 있지 않았다면 인생의 가장 어려운 과제, 즉 스스로를 변화시키는 일을 달성하지 못했을 것이다. 감옥에 앉아서 생각할 기회는 바깥 세상에서 가질 수 없는 기회였다."고 말했다.

만델라는 한국에 1995년과 2001년 두 번 방한했으며 첫 방한 시에는 서울대에서 명예 철학 박사 학위를 받았으며 두 번째 방한 때는 김대중 전 대통령과 공동 기자회견을 가지기도 했다. 이후 김대중 대통령 사망 당시 만델라 재단에서 애도의 메시지를 보내기도 했다.

김대중 전 대통령이 1997년 대선에 출마하자 자신의 딸을 통해 27년 교도소 수감 생활을 함께 한 낡은 시계를 선물하였다. 이에 김대중 전 대통령은 유신 독재 탄압을 받으며 20년간 사용한 낡은 가방을 선물하였다.

그의 저서로 뉴욕 타임스가 뽑은 20세기 최고의 책에 선정된 《자유를 향한 머나먼 길》 등이 있다. 국내에는 김대중 전 대통령이 한국어로 번역해 1995년 처음 출판했고 2012년에 개정판이 나왔다.

> "나는 자유를 향한 머나먼 길을 걸어왔습니다. 나는 주춤거리지 않으려고 노력했습니다. 나는 도중에 발을 잘못 내딛기도 했습니다. 그러나 나는 커다란 언덕을 올라간 뒤에야 올라가야 할 언덕이 더 많다는 것을 발견하게 된다는 비밀을 알았습니다. 내가 가야 할 머나먼 길은 아직 끝나지 않았기 때문에 나는 감히 꾸물거릴 수가 없습니다."

10

사흘만 세상을 볼 수 있다면

첫째 날은 사랑하는 이의 얼굴을 보겠다. 둘째 날은 밤이 아침으로 변하는 기적을 보리라.
셋째 날은 사람들이 오가는 평범한 거리를 보고 싶다. 단언컨대, 본다는 것은 가장 큰 축복이다.
– 헬렌 켈러 –

　　인류의 역사에서 정신적 위대함을 말할 때 빼놓을 수 없는 한 사람이 있다. 바로 헬렌 켈러이다 그는 "세상에서 가장 아름답고 소중한 것은 보이거나 만져지지 않는다. 단지 가슴으로만 느낄 수 있다"는 명언을 남겼다.

　　그의 저서 『사흘만 세상을 볼 수 있다면』에서 그는 만일 내게 유일한 소원이 있다면 그것은 죽기 전에 꼭 사흘 동안만 눈을 뜨고 세상을 보는 것이다. " 만약 내가 눈을 뜰 수만 있다면 나는 내 눈을 뜨는 첫 순간 나를 이만큼이나 가르쳐준 내 스승, 앤 설리반을 찾아갈 것이다."라고 말했다.

헬렌 켈러야말로 고난과 역경을 이겨낸 위대한 신념의 소유자이다.

그녀는 생후 19개월 때 중병에 걸려서 우리에게 알려진 것처럼 시력, 청력과 언어의 발생력을 상실하여, 눈이 보이지 않고, 귀도 들리지 않고, 말도 못하는 삼중장애의 고통을 겪은 그야말로 세상과 차단된 버려진 아이였다.

그런 그녀에게 마지막 하나 남아있는 것은 의식의 촉각뿐이었다. 그녀는 그 촉각을 통해서 투혼의 삶을 살다간 위대한 삶의 증인이다. 암흑에 갇힌 그녀에게 희망을 전해준 사람은 그의 스승 앤 설리반이다. 그녀는 스승 앤 설리반 선생님의 도움으로 하버드 래드클리프대학을 우수한 성적으로 졸업하게 되었다. 그녀는 전생을 사회복지를 위해 힘썼고 맹. 농아 장애인을 위해서 헌신적인 삶을 살았다. 사람들은 그녀를 '기적의 사람이다'라고 부른다.

"존재하지 않는 세계에서 사는 유령" - 헬렌 켈러가 여덟 살 때까지의 자기 삶을 묘사했던 말이다.

그녀는 1880년 6월 27일 앨라배마 주 터스컴비아 시에서 부유한 가정의 딸로 태어나 자랐다. 아주 어릴 때는 비장애인이었으나 생후 19개월 때 앓은 뇌척수막염으로 하루 아침에 시력과 청력을 한꺼번에 모두 잃고 시청각장애인이 되어 시각장애, 청각장애, 언어장애라는 심각한 후유증을 안고 살게 되었다.

당연히 정상적인 교육이 될 리 없었고 대여섯 살이 될 때까지도 물건을 던지거나 사람을 할퀴거나 때리는 정도로 밖에 의사표현을 할 수 없었다. 6살이 되던 무렵에 부모는 볼티모어에 사는 유명한 안과 의사 줄리안 차이소름 박사가 장님의 눈을 뜨게 했다는 소식을 듣게 되고 헬렌을 치료할 수 있을까 해서 데려갔다.

그러나 이미 시신경이 손상되어 실명이 된 상태라 치료는 불가능했고, 대신 교육을 충분히 시킬 수 있다는 의사의 말에 따라 장애인 문제에 관심이 많았던 알렉산더 그레이엄 벨 박사를 소개받는다.

그를 만난 부모는 "퍼킨스 맹인 학교"를 추천받았고 그 학교에 의뢰하여 가정교사를 부탁했는데 이때 온 사람이 유명한 앤 설리번이다.

설리번은 고아였고 어린 남동생이 있었지만 일찍 병으로 여의었고 그녀도 지독하게 눈이 나빠 엄청 도수가 높은 안경을 쓰고 다녔다고 한다. 원래는 맹인이었기 때문에 퍼킨스 맹인 학교를 다녔고 이후 눈 수술을 받아 시력을 다시 얻었다.

앤 설리번은 헬렌에게 극도의 인내심을 가지고 손바닥에 글씨를 쓰는 방식으로 언어를 가르치려 했다. 물 펌프에서 처음으로 'water'의 의미를 깨닫게 되는 에피소드는 매우 유명하다. 이후 8살 때 퍼킨스 맹인 학교에 입학하여 정식 교육도 받게 되었다. 6년 후에는 뉴욕으로 가서 라이트 휴먼스 농아학교를 다녔고 이후에는 호렌스만 농아학교를 다녔는데 이 학교의 선생인 새라 풀러가 목의 진동과 입의 모양을 만지고 느끼게 하는 방법으로 헬렌에게 말하는 법을 처음으로 가르치면서 이 방법으로 말은 할 수 있게 되었다.

이후 여동생인 밀드레드와 함께 케임브리지 여학교에 다닌 뒤 16세의 나이에 래드클리프 여대에 입학했고 1904년 졸업할 무렵에는 5개 국어를 습득했다. 1904년에 헬렌 켈러는 레들리프 대학에서 학사학위를 받았습니다. 이로써 그녀는 시각 및 청각 장애인으로서 처음으로 대학에서 학사학위를 받은 사람이 되었습니다.

  그 이후에는 활발한 사회, 봉사활동 등 (특히 장애인 인권 운동)을 했다.

> 세상은 고난으로 가득하지만, 고난의 극복으로도 가득하다. 장애는 불편하다. 그러나 불행하지는 않다. 헬렌 켈러는 미국의 사회운동가. 들을 수도 볼 수도 말할 수도 없었으나 이 삼중고의 장애를 극복하고 장애인인권운동가, 인종차별 반대, 저술가, 강연자. 사회개혁운동 등 다방면으로 활동했다.

11

당신이 먼저 작은 촛불을 켜세요
- 평화의 어머니 테레사 수녀 -

가장 중요하고 근본적인 자연의 법칙은 평화를 추구하고 그것을 따르는 것이다.　- 토마스 홉스 -

    테레사 수녀는 그녀의 끊임없는 헌신과 사랑으로 인해 수많은 사람들의 삶에 빛을 밝혔다. 그녀의 이름은 오늘날에도 전 세계적으로 그녀의 인류에 대한 열정과 끊임없는 사랑의 상징으로 기억되고 있다. 그녀는 어떠한 어려움과 고통 속에서도 자비심과 사랑을 포기하지 않았으며, 이를 통해 우리에게 인간의 가치와 존엄성에 대한 깊은 교훈을 남겼다. 그녀는 현대 역사상 가장 존경받는 인물 중 하나로, 수많은 빈곤과 고통 속에서 생활하는 사람들을 돕기 위해 자신의 인생을 바쳤다.

    어느 날, 테레사 수녀가 멜버른 시내 뒷골목에 한 노인의 집을 방문했다.

그곳은 집이라기보다는 움막이라고 해야 좋을 그런 형편없는 곳이었다.

방문을 열고 들어서자 역겨운 냄새가 코를 찔렀고, 온통 먼지투성이에다 이불이나 옷가지들은 몇 년 전에 빨았는지 알 수조차 없었다.

그런 헛간 같은 방에서 노인은 조금씩 죽어 가고 있었는데 테레사 수녀가 노인에게 말했다.

"제가 방을 치워 드리죠."

테레사 수녀의 말에 노인은 대답도 하지 않은 채 멀뚱히 그녀를 바라만 보고 있었다.

테레사 수녀는 당장 일을 시작했습니다. 바닥을 쓸고, 먼지를 털어 냈고, 냄새 나는 옷가지는 빨아 널고, 더러운 곳은 모두 소독했다.

그렇게 청소를 하다 테레사는 구석에서 조그만 등을 하나 발견했는데 먼지에 뒤덮인 낡은 것인데 테레사 수녀가 물었다.

"이 램프가 뭐죠?" "손님이 오면 켜는 등이라오."

테레사는 램프를 닦으면서 노인에게 다시 물었다.

"별로 이 램프를 켤 일이 없는 모양이죠?"

"몇 년 동안 한 번도 켜지 않았소. 누가 죽어 가는 늙은이를 만나러 오겠소."

노인은 가족도 없이, 또 찾아오는 사람도 하나 없이 그렇게 쓸쓸히 살아 왔던 것이다.

노인은 먹을 것 보다 사람이 더 그리운 듯 했다.

그래서 테레사가 수녀가 이렇게 말했다.
"제가 자주 오겠어요. 그러면 저를 위해 등불을 켜 주시겠죠."
"물론 켜고말고요. 오기만 한다면…"
그런 일이 있고 난 이후, 테레사 수녀는 자주 그 노인의 집에 가 봉사 활동을 했고, 자신이 가지 못할 때는 동료 수녀를 대신 보냈다.
이제 노인의 방에는 거의 매일 그 등불이 켜져 있었고, 노인은 더 이상 쓸쓸하지 않았습니다. 왜냐하면 늘 찾아와 집안 일도 해주고, 이야기도 해주는 테레사 수녀와 동료 수녀들이 있었기 때문이다.
그 일이 있고 2년 후에 노인은 편안히 죽었는데 노인은 죽으면서 마침 곁에 있던 어떤 수녀에게 이렇게 말했다.
"테레사 수녀에게 전해 주시구려~ 테레사 수녀는 내 인생에 등불을 켜 준 사람이라고…"

누군가의 등불이 되어 준다는 것, 이보다 아름답고, 고귀한 삶이 또 있을까요?
다른 이를 행복하게 하는 것은 향수를 뿌리는 것과 같다고 한다. 왜냐하면, 뿌릴 때 자신에게도 몇 방울은 튀기 때문이다. 내가 행복하기 위해서는 다른 사람도 행복해야 한다. 다른 사람과 상관없이 나만의 행복이란 존재하지 않기 때문이다.

그녀의 본명은 아그네스 곤히아 브야스히야로 마케도니아 공화국에서 태어났다.

아르메니아계 아버지는 부유한 집안의 사업가이자 정치가로 애국자였고 민족주의자였다.

하지만 아버지는 그녀가 어렸을 때 암살당했다. 알바니아계 어머니는 남겨진 아이들과 가톨릭을 믿으며 열심히 살아갔다. 그녀는 어린 시절 영민하고 신앙심이 각별했으며 성당에서 성가대원으로 활동했다. 이후에는 가톨릭 청년 단체에서도 활동을 했다.

그녀는 1928년에는 성모 수녀회에 입회하였으며 인도에서 수녀가 되기 위해 수련을 받았다. 1937년에는 '테레사'라는 이름으로 수녀가 되었다.

1948년 수녀회를 떠나 간호학을 공부한 후 길거리에서 죽어가는 사람들을 돌봐 주는 일을 시작했다. 1949년부터는 성 마리아 학교의 제자들과 '사랑의 선교회'라는 수도회를 형성하였으며 고아원도 설립하였다. 1965년부터는 전 세계에 '사랑의 선교회' 분원을 열어 활동했다.

제2차 세계대전 이후 인도는 200여 년간의 영국의 지배에서 벗어나 독립을 맞았지만 정치적, 종교적 상황이 맞물려 전쟁과 분쟁이 벌어져서 사회는 불안정했고 거리에는 난민들이 넘쳐났다. 이들은 대부분 보살핌을 받지 못하고 굶주림과 병마 속에서 죽어갔다. 대부분 힌두교를 믿는 인도인들은 그녀의 봉사와 희생정신을 선교의 뜻으로 오해했고 적대시하였다. 하지만 그녀는 가난하고 병들어 죽어가는 불쌍한 사람들에게 안식과 위안을 주는 것에 목표를 삼았다.

그녀는 자신의 뜻을 알리기 위해 수녀복을 벗고 인도의 가장 가난하고 미천한 여인들이 쓰는 '흰색 사리'를 입었다. 또한 특정 국가나 종교를 홍보하기 위해서가 아님을 알리기 위해 인도 국적을 취득하였다. 이는 그녀가 종교를 떠나 가난하고 병든 사람들을 위해 봉사와 박애 정신을 실천했다는 의미이다.

허리를 굽혀 섬기는 자는 위를 보지 않는다

그녀는 가난한 아이들을 가르치는 일과 병든 사람을 간호하고 죽음에 임박한 사람들을 위한 '임종의 집'을 지어서 그들을 보살폈다. 또한 미혼모와 고아들을 위한 집도 만들었고 한센병 환자들이 재활할 수 있는 마을을 만들었다. 이러한 노력 덕분에 가톨릭 교단에서도 그녀의 활동을 지지하게 되었으며 세계 각국에서도 기부금이 모아졌다. 많은 유명 인사들이 그녀를 보기 위해 인도를 방문했고 거액의 기부금도 기부했다. 기부금은 모두 가난한 사람들을 위해 썼으며 정작 자신은 낡은 옷을 입고 기운 흰색 사리를 착용했다.

그녀는 자신은 그저 평범한 사람이며 돌봐야 할 사람들을 돌볼 뿐이라며 가난하고 아픈 사람들에게 달려갔다. 이러한 공을 인정받아 1979년 노벨평화상을 수상하는데 시상식 당시에도 그녀는 평소와 같은 옷을 입었다. 그녀는 노벨평화상 상금 모두를 가난한 사람들을 위해 썼고 시상식 만찬 참석도 거부하며 만찬 비용을 가난한 사람들을 위해 써달라고 부탁을 했다.

그녀는 인도로 떠난 이후 평생 가족을 만나지 못했고 알바니아 정부의 입국 거부로 어머니의 임종도 지키지 못했다. 또한 심장병으로 두 번이나 심장마비를 겪었는데 자신이 돌보는 가난한 이들은 의료적 보살핌을 못 받는다는 이유로 치료를 거부했다. 하지만 정부의 지속적인 요구와 교황의 요청으로 수술을 받게 되었다. 말년에는 말라리아에 감염되었는데 폐까지 전이되어 1997년 9월 5일 87세의 나이로 생을 마감하였다.

> 사람은 사랑이 있기에 기다림이 있고 그 기다림이 있기에 행복(幸福)한 것이다.
> 누구에게나 똑같은 인생이지만 보다 더 값지고 더 아름다운 인생길에 살아 있다면 이것은 보람된 인생이 아닐까요.
> 마더 테레사 수녀는 한 인생을 남을 위해 봉사하고 사랑으로 살다가 이 시대의 진정한 성자이다.

제2장
지혜편

지혜는 조화와 균형을 갖춘 인생의 빛이다.
진정한 지혜는 지식의 최고의 가치가 무엇인지 아는 것이다.
그리고 가장 가치 있는 일을 하는 것이다.
지혜는 경험에서 오는 것이 아니라 경험에 대해서 명상하고
그것을 자기 것으로 흡수 하는 것에서 온다.
진정한 지혜는 고통과 죄악의 극복에서 온다.
그러므로 진정한 지혜는 슬픔을 건드린다.
지혜는 인생의 고난과 역경을 슬기롭게 헤쳐 나간다.
지혜에 키를 맡기고 돛을 올리고 인생을 항해하라
지혜는 인류가 원래 가지고 있는 영적인 감각이다.
지혜는 세상을 살아가는데 절대적인 자산이다.
지혜는 반드시 높은 인격과 풍부한 경험이 기초가 되어야 한다

지혜와 총명의 차이 - 지혜 -

진정한 지혜는 지식의 최고의 가치가 무엇인지 아는 것이다. 그리고 가장 가치 있는 일을 하는 것이다.
- 에드워드 포터 험프리(영국, 작가) -

    중국 속담에 '현명한 사람과 마주 앉아 나누는 한 번의 대화는 한 달 동안 책으로 공부하는 것만큼의 가치가 있다'고 했다. 현명한 자의 지성은 유리와 같다.

    그것은 하늘의 빛을 수용하고 그것을 반사시킨다.

    헤르만 헤세는 "지식은 전달될 수 있지만 지혜는 그렇지 않다. 사람은 지혜를 발견하고, 실행하고, 그것으로 강화되고, 그것을 통해 호기심을 가질 수 있지만 지혜를 전달하거나 가르칠 수 없다"고 했다.

    지혜는 경험에서 오는 것이 아니라 경험에 대해서 명상하고 그것을 자기 것으로 내면화 하는 것에서 온다. 진정한 지혜는 고통과 죄악의 극복에서 온다. 그러므로 진정한 지혜는 슬픔을 건드린다.

지혜와 총명의 차이

총명을 잔꾀라고 한다면, 지혜는 큰 도(道)라고 할 수 있다.

총명한 사람이 큰 지혜를 깨닫지 못한 것처럼, 큰 지혜를 가진 사람은 작은 술수를 부릴 줄 모른다. 전자가 큰 지혜를 어리석다고 비웃을 때 후자는 잔머리를 굴리는 사람을 무시해 버린다.

똑똑한 사람이 지식과 경험 외에는 기댈 것이 없는 데 비해, 슬기 있는 사람은 겪지 않는 일에 대해서도 스스로 해결 방법을 찾거나 깨달음을 얻는다. 머리가 좋은 사람은 항상 자기 위주로 계산을 하기 때문에 결국 아무것도 이루지 못한 채 비웃음만 산다. 이에 비해 현명한 사람은 하늘을 우러러 한 점 부끄럼 없이 행동하기 때문에 답답하고 고리타분하게 보이지만, 가끔씩 촌철살인적 기교와 날카로움을 드러내며 결국에는 원하는 바를 다 이룬다.

지혜는 인류가 원래 가지고 있는 영적인 감각이다. 이는 세상을 살아가는데 절대적인 자산이자 인생 체험의 가장 큰 성과라고 할 수 있다.

지혜는 반드시 높은 인격과 풍부한 경험이 기초가 되어야 한다. 하지만 총명함은 흔히 일시적인 이익을 우선하고 주관적인 억측이 적지 않게 작용한다. 지혜는 긴 시간이 걸리기는 하지만 의미 있는 일을 성취하는 힘이 된다. 하지만 총명함은 일시적인 성공은 이루기는 하지만 오래가지 못한다.

지혜가 있는 사람은 역사와 사회에 대한 깊이 있는 인식으로 현실을 통찰하므로 복잡하게 얽힌 일에도 미혹되지 않으면서 사회적 진보를 이룩하는 역할을 한다. 이에 비해 머리가 좋은 사람은 자기중심적이기 때문에 사회적 흐름에 휘말리면서 방향 감각을 상실하기 쉽다. 또한 이들은 자기 과시적이고 대중 앞에 영합하는 행동을 취한다.

> 총명함이 자아라는 벽을 뛰어넘으면 지혜로 승화된다. 역으로 지혜가 개인적인 이익을 도모하는 데에만 쓰이면 총명함으로 전락한다.

인간답게 사는 방법이 무엇인가　-관용-

현명한 사람은 많다. 그리고 교활한 사람은 더 많다. 그러나 관대한 사람은 극히 드물다.
- 알렉산더 포프(영국, 시인, 비평가) -

　관용이란 내가 베풀 수 있는 것보다 더 주는 것이고, 만족이란 내가 필요한 것보다 덜 갖는 것이다. 사람이 사는 동안 베푸는 관용과 임종 무렵에 베푸는 관용은 사뭇 다르다. 전자는 순수한 너그러움과 선의에서 비롯되지만, 후자는 자만이나 불안, 혹은 저승에 아무것도 가지고 갈 것이 없다는 진리에서 비롯된다.

　모든 미덕중에서도 관용이 가장 귀한 것이다. 타인의 넓은 아량을 기꺼이 인정할 수 있는 한 사람의 미덕은 백 명의 사람이 본받을 만한 일이다.

- 두 부자의 죽음 -

유대인이 사는 작은 마을에 방탕한 부자 한 명이 죽었다. 마을 사람들은 그의 죽음을 깊이 애도했다.

그의 관이 무덤으로 들어가는 순간 사방에서 통곡하는 소리와 한숨이 터져 나왔다.

마을에서 가장 나이가 많은 랍비나 성인이라 불리는 사람이 죽었을 때도 사람들이 이렇게 슬퍼하지는 않았다고 증언했다.

공교롭게도 다음날 또 한 사람의 부자가 죽었다. 마을 사람들의 반응은 방탕한 부자의 죽음 때와는 완전히 달랐다. 가족들 외에는 슬퍼하는 사람이 한 명도 없었고 장례는 아주 쓸쓸히 치러졌다. 그는 생전에 근검절약하고 욕심이 없어서 빵과 야채절임만 먹고 살았다. 평생을 독실한 신앙으로 살았고 하루 종일 연구실에서 율법만 파고 살았다.

이 마을을 지나다 우연히 두 부자의 죽음을 본 여행객이 마을 사람들에게 물었다.

"이 마을 사람들은 왜 방탕한 사람은 존경하고 성인처럼 산 사람은 백안시하는 거죠?"

질문을 받은 사람이 친절히 설명해 주었다.

"먼저 죽은 사람은 주색잡기에 빠져 살았지만 마을 사람들을 많이 도와주었죠. 명랑하고 붙임성이 있는 성격인데다 모든 사람에게 호의를 베풀었죠. 한 가게에서 술을 사고, 다른 가게에서는 닭을 사고, 또 다른 가게에서는 치즈를 사는 식으로 장사하는 사람을 고루 배려했죠. 손이 커서 값도 아주 후하게 치러주었어요.

그에 비하면 나중에 죽은 부자는 너무 인색했어요. 돈을 아끼느라 빵과 야채절임만 먹고 살았지요. 자기 자신에게도 그렇게 인색했으니 다른 사람에게 어땠는가는 말할 필요도 없죠. 그 사람은 누구에게도 자신의 돈을 내주지 않았어요. 그러니 그를 그리워하거나 슬퍼할 사람이 있을 리 없죠."

두 부자는 한 줌의 흙으로 돌아갔다는 점에는 다르지 않다. 그러나 사람들에게 심어준 인상과 평가는 하늘과 땅만큼 차이가 크다. 한 부자는 사람들에게 사랑을 받았지만 다른 부자에게 돌아온 것은 경멸뿐이었다. 그 이유는 한 사람은 베풀 줄 알았고 다른 한 사람은 너무 인색해 베풀 줄 몰랐기 때문이다.

먼저 죽은 부자는 진정으로 자선했다기보다는, 인생의 의미와 삶을 누리는 방법을 알았다. 사람이란 빈손으로 왔다가 빈손으로 간다는 사실을 확실히 알기 때문에 돈을 쓸 줄 알았고 즐길 줄도 알았다. 나중에 죽은 부자는 일생을 바르게 살려고 노력했고 성자가 되고 싶은 목표에 거의 다다른 듯이 보였다.

하지만 다른 사람의 눈에는 성자가 아닌 악인이었고 사람들과 어울리지 못한 채 혼자 고상을 떠는 덕이 없는 사람이다.

> 인간답게 산다는 것은 결코 쉬운 일은 아니다. 하지만 사람은 언젠가 흙으로 간다는 사실을 깨닫고 살아갈 때 삶의 의미를 느낄 수 있다. 덕은 무덤까지 간다는 옛말이 있다. 사람이 살아가면서 타인에게 선행을 베풀 때 삶의 진정한 가치를 느낄 수 있고 자기애가 충만한 행복감을 느낀다. 관용과 나눔은 인간에게 최고의 선(善)이다.

침묵의 기술 －지혜의 가장 좋은 대답－

우리의 인생에서 가장 감동적인 순간에는 아무 말도 하지 못한다.
― 마르셀 마르쏘 ―

사람은 누구나 침묵을 소중히 여길 줄 아는 사람에게 신뢰가 간다.

초면이든 구면이든 말이 많은 사람에게는 어쩐지 신뢰가 가지 않는다.

사실 인간과 인간의 만남에서 말은 그렇게 중요하지 않다. 꼭 필요한 말만 할 수 있어야 한다. 안에서 말이 여물도록 인내하지 못하기 때문에 밖으로 쏟아내고 마는 것이다.

이것은 하나의 습관이다. 생각이 떠오른다고 해서 불쑥 말해 버리면 안에서 여무는 것이 없다. 그렇기 때문에 그 내면은 비어 있다.

말의 의미가 안에서 여물도록 침묵의 여과기에서 걸러 받을 수 있어야 한다.

현명한 사람은 말할 때와 침묵할 때를 가려서 하는 사람이다.

나폴레옹은 전쟁의 영웅. 훌륭한 웅변가. 침묵의 달인이었다.
그는 전장에 나가기 전에 수많은 병사들의 사열을 받으면서 단상에 올라갔다.
그는 병사들에게 말 한마디 하지 않고 똑바로 서서 경례하는 모습으로 좌우로 두세 번 병사들을 뚫어지도록 바라보면서 침묵을 지킨 채 내려왔다.
병사들은 그가 말 한마디 하지 않았지만 이 전쟁이 얼마나 중요하다는 것을 충분히 알고 있었다. 그들은 나폴레옹 만세! 나폴레옹만세! 외치면서 사기를 충전시켰고 전쟁터로 행군했다. 이처럼 침묵이란 아무 말 없이 잠잠히 있는 것이지만 굳게 다문 입은 백 마디 말보다 강한 메시지를 전한다.

경전(經典)에서도 입에 말이 적으면 어리석음이 지혜로 바뀐다고 했다. 말하고 싶은 충동을 참을 수 있어야한다. 생각을 전부 말해버리면 말의 의미가, 말의 무게가 여물지 않는다. 말의 무게가 없는 언어는 상대방에게 메아리가 없다.
오늘날 인간의 말이 소음으로 전락하는 것은 침묵을 배경으로 하지 않기 때문이다.
즉 말이 소음과 다름없이 다루어지고 있기 때문이다. 우리들은 말을 안 해서 후회되는 일 보다는 말을 해버렸기 때문에 후회되는 일이 얼마나 많은가.

　디누아르 신부는 자신의 저서 『침묵의 기술』에서 "침묵을 배우려면 고요한 훈련이 필요하다. 고요함이 주는 힘을 깨달아야 한다. 신은 가장 고요할 때 우리에게 다가온다. 내면이 고요한 사람에게만 신의 음성이 들린다. 지혜로운 사람만이 침묵할 줄 알고 침묵 속에서 신을 만난다."고 했다.

고요함은 어떤 노래보다 음악적이다.
침묵은 영원처럼 깊고 말은 시간처럼 얇다.
그리고 참된 지혜의 가장 좋은 대답이다. 침묵은 절대 배신하지 않는 친구다.
행복한 삶은 조용한 삶이어야한다. 왜냐하면 참다운 기쁨은 오직 조용한 분위기에서만 살아나기 때문이다. 우리 인생의 감동적인 순간에는 아무 말도 하지 않는다.

낮출수록 커지는 삶의 지혜 - 겸손 -

겸손을 제외하고 덕을 쌓는 것은 무의미하다. 신의 참 뜻은 겸손한 마음에서 존재하기 때문이다.
- 에라스무스 -

사람은 누구나 예의 바른 사람을 좋아한다. 예의 없는 사람을 만나면 금방 싫증을 느끼고 돌아서기 마련이다. 예의와 친절은 인간이 지켜야 할 도리이지만 겸손이라는 인격의 그릇에 담겨있을 때 더욱 빛이 난다.

스코틀랜드 작가 제임스 M 배리는 "인생이란 겸손을 배우는 긴 여정이다.

겸손은 자신을 낮추는 것이 아니라 자신을 세우는 것이다. 진정으로 용기 있는 사람만이 겸손할 수 있다"라고 말했다.

겸손이란 인생에서 성공하기 위한 열쇠이다.

항상 자기가 설 곳 보다 낮은 곳을 택하는 것이다. 타인으로부터 내려가라는 소리를 듣는 것이 아니라 올라가라는 말을 듣게 하는 것이다. 그것이 진정한 겸손이다.

 겸손은 스스로 높아지려고 한다고 해서 높아지는 것이 아니다. 자기 스스로 높은 곳에 앉은 사람을 신은 아래로 밀어내고 스스로 겸손한 사람을 부축해 올린다.
 인간이 신 앞에 겸손해질수록 귀하게 여겨진다. 그러나 사람 앞에서 겸손해질수록 천해진다. 진정한 겸손은 자신보다 작아질 때까지 굴복하는 것이 아니다. 자신에게 있는 가장 큰 위대함에 실재하는 빈약함이 무엇인지 보여줄, 보다 높은 어떤 힘에 대항하여 자신의 모습 그대로 서있는 것, 그것이 진정한 겸손이다.

 '중요한 사람인 척하지 말고 정말로 중요한 사람이 되라'는 말이 있다
 어떤 사람은 자신이 중요한 일을 하는 것처럼 보이게 하려고 한다. 자신이 하는 모든 일을 신비롭게 꾸미는 것은 야비한 짓이며 사람들에게 웃음거리를 제공한다. 허영은 어떤 것이든 우스운 것이며 역겹기까지 하다. 자신의 장점을 과시하듯 내세워서는 안 된다.
 자신에 대한 과시는 행동으로 만족하고 그것에 대한 얘기는 남들에게 맡겨라.

'재능이 칼이라면 겸손은 칼집이다.'

당연한 얘기지만, 현명한 사람은 겸손하다. 용기와 힘을 갖춘 사람은 결코 교만하지 않다. 물이 바다로 모이는 것은 바다가 낮은 곳에 있으며 모든 것을 수용할 수 있는 용량이 있기 때문이다. 물이 불의 사나움을 누그러뜨리듯이 겸손함은 화를 누그러뜨린다.

겸손이 아니라면 참된 영적 순결은 없다. 겸손은 자신을 올바르게 판단하는 인격의 거울이다.

> 인생이란 겸손을 배우는 긴 여정이다.
> 겸손이란 인생에서 성공하기 위한 열쇠이다. 겸손은 자신을 낮추는 것이 아니라 자신을 세우는 것이다. 진정으로 용기 있는 사람만이 겸손 할 수 있다.

05 양심은 영혼의 소리이다   - 양심(良心) -

누군가 우리를 지켜보고 있다고 경고하는 내면의 목소리, 그것이 바로 양심이다.   - H. L 멘켄 -

『명심보감』에 '사람과 귀신은 속여도 하늘은 속이지 못한다'는 말이 있다.

오늘날 우리 사회는 자가가 잘못을 해놓고도 잘못이 없다고 우기는 사람, 그런 나쁜 짓을 왜 하겠냐고 타인에게 증가시키는 사람들이 의외로 많다.

도덕과 윤리가 사회적 합의의 성격을 가진다면 양심은 순전히 개인적인 덕목이다.

세상 사람 모두를 속여도 자신만은 속일 수 없게 만드는 게 양심이다. 천하가 비웃고 손가락질하는 일을 저지르고도 부끄러운 줄 모르는 이들을 두고 '양심에 털 났다'고 하는 건 그 때문이다.

우스운 이야기가 있어서 소개하겠다.

도둑들이 도둑질한 물건을 모아놓았는데 그중에 귀한 물건이 사라져버렸다. 도둑의 두목이 그 물건을 보았는데 순식간에 사라지자 도둑의 두목은 '우리 가운데 양심이 없는 놈이 있다 .자수하라' 그렇지 않으면 손목을 잘라버리겠다고 경고했다. 그렇지만 양심 없는 도둑들이 누가 자수하겠는가? 양심은 내가 하는 말과 행동이 착한 일인지, 나쁜 일인지 판단하고 느끼는 마음의 기준이다.

알베르트 까뮈가 쓴 『전락』이라는 소설을 보면 다음과 같은 내용이 나온다.

유능한 변호사 클라망스에 관한 이야기다.

어느 날, 그가 세느강 다리를 건너는데 다리 위에서 슬피 우는 한 여자를 보게 된다.

그리고 그 여자를 보는 순간 직감적으로 그녀가 자살을 시도하고 있다는 것을 알아차렸다. 그 순간 내면에 들려오는 서로 다른 두 소리에 갈등을 하게 된다. ' 빨리 가서 그 여인을 도와줘, 그렇지 않으면 그 여자는 자살하고 말거야. 빨리 가!' 그리고 또 한 소리는 '그냥 지나가. 아닐 수도 있잖아. 너도 잘 알잖아, 남의 일 잘못 도와 주었다가는 아주 귀찮아지는 일이 생길지도 몰라' 그는 갈등을 하다가 모른 척하고 쎄느 강 다리를 건너간다.

그가 다리를 다 건넜을 즈음에 풍덩하는 소리가 들리는데 어찌할 바를 몰라 그는 더 빠르게 그 자리를 떠나 자신 집으로 돌아간다. 그런데 이상한 일이 일어났다.

어느 날 부터인가 그는 형편없는 사람으로 전락(轉落)하게 된다. 젊은 변호사 클라망드가 그 여인을 구해 주어야 할 책임은 없다. 그러나 그의 양심은 그를 하염없이 책망하고 있으며 그 책망이 자신을 학대하는 삶으로 전락되어간다.

한 번쯤 생각해 보아야할 내용이다. 인간은 양심이라는 것이 있기에 그 소리를 거부하고 살 수는 없다. 그 양심은 인간이 가장 행복해 질 수 있도록 제시해 주는 센서 같은 것이다.

양심은 소금 같은 존재이다. 양심의 소리가 있기에 이 어지러운 세상이 그래도 살만한 세상으로 갖추고 살아갈 수 있다.

> 세상 사람들을 속이기 쉬워도 자기 양심을 속이기는 어렵다.
> 깨끗한 양심은 갑옷과 같다. 양심의 명령은 운명의 목소리이다.
> 양심은 영혼의 목소리이고, 열망은 육체의 목소리이다. 수치심이 없는 사람은 양심도 없다. 양심은 하늘이 준 작은 불꽃이다. 그것이 너의 가슴에서 계속 타오르도록 노력하라

베풀수록 커지는 마음의 양식 　 - 친절 -

친절에 감사하는 사람은 그 역시 친절한 사람이다. 게다가 친절에 감사한 마음을 품고 있는 사람은 보답할 것이다 　- 키게로 -

　　러시아 속담에 '친절한 말 한 마디가 석 달 겨울을 따뜻하게 해 준다'는 말이 있다. 그만큼 친절은 마음을 따뜻하게 해주는 마력(魔力)이 있다는 뜻일 게다.
　　친절은 타인의 고통과 기쁨을 자기 것으로 여기는 능력을 전제로 한다. 다른 사람에게 관대하고 친절한 것이 자신의 마음에 평화를 유지하는 길이 된다.
　　사람은 누구나 예의 바른 사람을 좋아한다. 말 한 마디를 하더라도 공손히 하고 예의 바르게 할 때 호감이 가고 좋은 이미지를 갖게 된다.
　　옛말에 '웃는 얼굴에 침 뱉지 못 한다'는 말처럼 친절은 사람과 사람의 관계를 매끄럽게 하고 소통을 강화시켜준다. 사람은 친절한 사람을 보고 싶어할 사람은 아무도 없다. 아무리 화가 나도 친절한 사람을 보면 순식간에 언제 그랬냐는 듯이 마음이 풀린다. 지위고하, 나이, 성별과도 전혀 상관없다. 친절은 닫힌 마음을 열게 하고 소통으로 이어지게 하는 묘약 같은 역할을 하기 때문이다.

그런데 이런 친절도 지나칠 때는 오히려 역효과를 가져오는 경우가 있다. 흔히 백화점에서 볼 수 있는 풍경이지만 매장에 손님이 들어오면 마치 수행 비서처럼 철썩 달라 붙는다.

손님이 묻지도 안했는데도 끊임없이 설명을 쏟아 붙고 숨 돌릴 틈도 주지 않는 지나친 친절행위는 친절이 아니라 영업상술이다. '친절미소를 팝니다'라는 광고를 부착하고 억지 춘향이 노릇을 하며 친절을 판매한 행위는 아름다운 모습이라고 볼 수 없다.

다음은 친절에 대한 감동적인 일화가 있다.

햇볕이 내리쬐는 사막 한복판에서 낡은 트럭을 끌고 가던 한 젊은이가 허름한 노인을 발견하고 차를 세웠다.

"힘들어 보이는데 타시죠."

"고맙소! 젊은이!, 라스베가스까지 태워줄 수 있겠소?"

두 사람은 세상 돌아가는 이야기를 주고 받으면서 노인의 목적지인 라스베가스까지 도착했다. 집도 없이 떠돌아다니는 부랑아 노인이라고 생각한 젊은이는 주머니를 뒤져 25센트를 노인에게 주면서 말했다.

"영감님, 차비에 보태세요. 몸조심하시고요."

"참 친절한 젊은이구먼"

명암 있으면 한 장 주게나." 젊은이는 무심코 명함을 건네 주었다. "맬빈다이! 이 신세는 꼭 갚겠네. 나는 하워드 휴즈라고 하네."

얼마의 세월이지나 이 일을 까마득히 잊어버렸을 무렵 기상천외한 일이 벌어졌다. (세계적인 부호 하워드 휴즈 사망)이런 기사와 함께 유언장이 공개되었는데 하워드 휴즈가 남긴 유산의 16분의 1을 맬빈다이에게 증여한다는 내용이었다.

맬빈다이라는 사람이 누구인가? 아는 사람이 아무도 없었다. 유언장 이면에 맬빈다이는 내가 일생 동안 살아오면서 만났던 가장 친절한 사람으로 기록되어 있었다.

친절한 사람! 이것이 유산을 남겨주는 유일한 이유였다. 하워드 휴즈의 유산총액은 25억 달러,유산의 16분의 1은 1억5,000만 달러, 우리 돈으로 2,000억 원 가량이었다. 무심코 베푼 25센트가 6억 배가 되어 돌아올 줄 누가 알았으랴!

> 진정한 친절은 마음에서 우러나오는 휴머니즘이다.
> 친절은 자신을 사랑한 사람만이 할 수 있는 그리움의 행위이다. 봉사가 아름다운 것은 어떤 대가를 바라지 않는 선행이기 때문에 지고의 가치가 있는 것처럼 말이다.

인생을 최고로 사는 지혜 — 근면(勤勉)·성실(誠實) —

높이 나는 새가 더 멀리 보고 새벽에 일찍 일어나는 새가 더 많은 먹이를 먹을 수 있듯이 성실한 사람이 성공하는 건 당연한 이치이다. 근면한 자에겐 모든 것이 쉽고, 나태한 자에게는 모든 것이 어렵기만 하다.
— 벤자민 프랭클린 —

사람은 누구나 성공을 원한다. 실패해서 고통스럽게 살고 싶은 사람은 아무도 없을 것이다. 그러나 인생에서 성공하기 위해서는 반드시 지불해야 할 원칙이 있다.

경제의 원칙도 투자 없이는 잉여가 생산되지 않듯이 인생에도 마찬가지다.

바로 다름 아닌 근면(勤勉)이 투자의 열쇠이다.

새뮤얼 스마일즈는 『인생을 최고로 사는 지혜』에서 지구촌에 성공한 500인의 사례담을 이야기하고 있다. 그중에는 기업가, 노동자, 기술자, 과학자, 발명가, 군인, 정치인, 예술가 등 모든 분야에서 가난과 역경을 이겨내고 성공한 이야기이다.

그들이 성공이라는 행운의 열쇠를 손에 넣게 되기까지는 그들의 공통분모에는 바로 근면이 있었다.

이 책은 서두에 '하늘은 스스로 돕는 자를 돕는다'라는 말로 시작한다.

다소 진부한 말로 들리지만 인류사(史)에서 빼놓을 수 없는 진리임에는 틀림이 없다. '행운이란 신이 인간에게 준 최고의 선물이다'라고 했다. 최선에 최선을 다 하는 사람에게 신이 준 마지막 선물이 행운이라는 것이다.

빌 게이츠의 어린 시절을 일화를 소개하겠다.

1965년, 나는 시애틀Seattle의 초등학교 도서관에서 관리원으로 일하고 있었다.

어느 날, 동료가 아주 총명한 아이라며 4학년 학생 한 명을 도서관 업무 보조로 추천해 주었다. 그리고 얼마 후에 작고 깡마른 남학생이 찾아왔다.

나는 그 소년에게 우선 도서 분류법을 설명해 준 뒤에 제자리가 아닌 곳에 있는 책을 원래 자리로 옮겨 놓는 일을 맡겼다. 그때 소년이 물었다.

"탐정처럼 말이죠?"

"그렇지."

그 뒤로 소년은 미로 같은 서가를 열심히 누비고 다녔다. 쉬는 시간까지 그는 잘못된 곳에 꽂혀 있던 책을 세 권이나 찾아냈다.

다음날, 소년은 더 일찍 와서 더 열심히 일했다. 그리고 그날 일을 마쳤을 때 그는 정식 사서로 일하게 해달라고 했다. 그렇게 해서 일을 시작한 지 2주쯤 흘렀을까,

어느 날 소년이 나를 집으로 초대했다. 저녁 식사 중에 나는 그의 어머니로부터 이사를 가게 되었다는 소식을 듣게 되었다. 소년이 걱정스러운 얼굴로 말했다.

"제가 없으면 누가 그 책들을 제자리로 돌려놓죠?"

그 뒤로도 그 소년을 잊을 수가 없었다. 그런데 얼마 후, 그 소년이 도서관에 다시 나타났다. 전학 간 학교의 도서관에서는 학생을 쓰지 않았기 때문에 다니던 학교로 다시 전학을 왔다는 것이다. 대신 그의 아버지가 차로 등교시켜 주기로 했다는 것이다.

"아빠가 못 오시면 걸어서 오면 돼요."

소년은 빙긋이 웃으며 말했다. 소년을 보면서 나는 앞으로 그가 세상에서 하지 못할 일이란 없을 거라고 생각했다. 하지만 그가 미국 최고의 갑부가 될 줄은 꿈에도 몰랐다.

그 소년의 이름은 빌 게이츠(WilliamH Gates)였다.

지식 정보화 시대의 천재이며 마이크로소프트의 주인이 된 바로 그 빌 게이츠 말이다.

다음은 근면. 성실에 대한 재미있는 이야기 한편을 소개하겠다.

어느 부잣집에서 일하는 사람을 구한다는 말에 한 사람이 찾아왔다. 부잣집 주인이 그 사람에게 물었다.

"자네가 가장 잘하는 일이 뭔가?"

그러자 그 사람이 자신 있게 대답했다.

"잠자는 걸 가장 잘합니다."

주인은 그 대답이 영 마음에 들지는 않았지만 마땅한 사람도 없고 그래도 사람은 성실해 보여서 그를 고용했다. 그런데 주인이 생각하는 것 보다 훨씬 부지런히 일을 잘했다.

그러던 어느 날이었다. 억수같이 비가 퍼붓고 유달리 천둥 번개가 심한 밤중이었습니다.

여기저기 살펴보았지만, 집안은 깨끗이 정돈되어 있었다. 집안을 살피다가 그 사람을 보게 되었다. 억수같이 비가 퍼부었지만 그 사람은 낮 동안 힘을 다해 모든 일을 해 놓았기 때문에 손 볼 곳도 없었고, 천둥 번개가 요란했지만 피곤해서 깊이 잠들 수 있었던 것이다. 그제야 주인은 잠자는 걸 제일 잘한다고 한 말을 이해하게 되었다.

인생의 성공비결은 결국 역경 속에서 좌절하지 않고 끊임없이 노력하고 자신을 연마하면서 자신의 일에 근면, 성실하게 일 하는 데 있다.
'하늘은 스스로 돕는 자를 돕는다'고 했다.

존재하는 모든 것은 창의력의 열매이다 - 창의력 -

사람들에게 일의 방법을 결코 지시하지 말고 할 일이 무엇인지만 지시하라. 그러면 그들이 창의력을 발휘하여 당신을 놀라게 만들 것이다. - G. S 패턴 -

　창조적인 상상력은 자질이 아닌 능력이다. 상상력의 근원이 보다 높은 동기에 있다. 그리고 의지의 도구일 때에만 효과를 낳는다. 그러나 너무 잦은 상상력은 단지 공상 일 뿐이다. 위대한 작곡가는 영감을 받았기 때문에 일을 시작하는 것이 아니라, 일을 하고 있기 때문에 영감을 얻는 것이다. 베토벤, 바그너, 바흐, 모차르트는 회계원이 매일 계산에 몰두하듯이 매일같이 규칙적으로 일에 전념했다. 이들은 영감을 기다리느라 시간을 낭비하지 않았다.

　존 러스킨은 "상상력의 가치는 표면상으로 보이는 것보다 본질적인 진리를 직감과 집중력으로 널리 응용할 수 있다는 점에 있다"고 했다.

　아인슈타인도 "상상력이 지식보다 중요하다"고 말했다.

상상력은 어떤 인간의 재능이 아니라 모든 인간의 행복이다.

스마트하게 계획을 세워라

시카코대학교를 노벨상 왕국이라 한다. 동문 교수 중 노벨상 수상자가 70명이나 되기 때문이다. 1890년에 창설된 후 별 볼 일없는 학교로 1929년까지 유지되어오던 시카코대학교는 로버트 허친스박사가 총장이 되면서 변화가 일기 시작했다.

총장이 된 로버트 허친스박사는 교양 교육의 일환으로 고전 백 권을 각 분야에서 읽도록 했다.

무엇보다도 백 권의 고전을 읽으면서 시간과 공간을 초월해서 진리 탐구에 필요한 역할 모델을 발견하도록 했던 것이다. 다시 말하면 고전속의 위대한 인물을 만나 위대한 인간이 되라는 의미였다.

그러한 교양 교육의 성과로 시카고대학교 동문 교수 중에서 엄청나게 많은 노벨상수장자 나오게 된 것이다.

체육관을 헐고 그 자리에 도서관을 건축하는 극단적인 조치가 취해질 정도가 되자 소위 공부벌레라 불리는 학생들이 몰려들었고 교양 교육을 가장 잘하는 대학이라는 평가를 받고 있다. 그리고 시카코대학교에서는 '그레이트북스 재단'이 있어서 성인뿐만 아니라 유치원생부터 고등학생까지 그들 수준에 맞는 언어로 된 고전을 읽을 수 있는데 미국전역에 80만 회원을 확보하고 있을 정도로 교사와 도서관, 사서, 학생, 학부모들에게 큰 인기가 있다.

위대한 고전을 읽으면 위대한 인물과 만날 뿐만 아니라 창의력과 비판능력이 계발되어 기본능력, 특히 대학 진학에 필요한 학력 적성 검사 점수가 올라가기 때문이다.

> 인문학은 문화, 역사, 철학 등 인간에 대한 탐구를 통칭하는 것으로 사람에 대한 이해와 통찰력을 제공해 준다. 인류 역사를 통해 살아남은 지혜의 보고인 인문고전은 상상력과 무한한 창의력을 샘솟게 하는 샘물이다.

어떤 상인의 기지(奇智)

진정한 지혜는 고통과 죄악의 극복에서 온다. 그러므로 진정한 지혜는 슬픔을 건드린다.
- 휘태커 챔버스 -

한 상인이 장성한 아들과 함께 배를 타고 외국으로 여행을 떠났다. 명목상으로는 여행이었지만 사실 부자(父子)의 여행 상자에는 보물이 가득했다. 비밀리에 가지고 나가 여행길에 팔려는 계획이었다.

그러던 어느 날, 상인이 우연히 선원들끼리 주고 받는 비밀 대화를 엿듣게 되었다. 상인의 보물을 발견한 선원들이 상인 부자를 암살하고 보물을 차지할 계획을 짜고 있었던 것이다. 깜짝 놀란 상인은 방으로 돌아와 안절부절 못하며 이 곤경에서 벗어날 방법을 궁리했다. 상인에게서 자초지종을 들은 젊은 아들이 단호하게 말했다.

"이대로 보물을 빼앗길 수는 없어요, 당장 저들과 싸워요."

" 안 된다. 우리 둘만으로는 저들을 이길 수 없어."

"그럼 보석을 줘버려요."

"그것도 안 돼. 저들은 우리를 죽여서 입막음을 하려 할 거야."
잠시 상인은 화를 잔뜩 내면서 갑판으로 올라갔다.
"이 바보 같은 녀석!"
그가 고함을 질렀다.
아들도 목청을 높였다..
"허구한 날 쓸데없는 말만 늘어놓으니 들을 게 있나!"
부자가 서로를 욕하며 싸우자 호기심이 생긴 선원들이 하나둘 모여들었다.
화가 난 상인은 자신의 방에서 보석 상자를 끌고 나왔다.
"배은망덕한 녀석 같으니라고! 내가 굶어 죽는 한이 있어도 너한테는 내 재산을 한 푼도 물려주지 않을 테다."
말을 마친 상인이 보석 상자를 열었다. 선원들은 상자 가득한 보석을 보고 숨을 들이쉬었다. 상인은 갑판으로 달려가 다른 사람들이 미처 말릴 시간도 없이 보석을 전부 바다에 쏟아버렸다. 잠시 뒤 빈 상자를 주시하던 상인과 그의 아들은 바닥에 드러누워서 자신들이 한 행동을 후회하며 울고 불고 한바탕 소동을 피웠다. 후에 그들만 방에 남게 되자 아버지가 말했다.
"이럴 수밖에 없었다. 다른 방법으로는 우리 목숨을 구할 수가 없었어."
"맞아요. 이 방법이 제일 좋은 방법이었어요."
배가 항구에 도착하자 상인은 아들과 함께 급히 도시의 지방 법관을 찾아가 선원들이 해적질과 암살을 시도했다고 신고했다. 법관은 바로 선원들을 잡아들여서 심문했다.

"너희들은 노인이 자신의 보석을 바다에 빠뜨리는 것을 보았느냐?"

"네, 저희 두 눈으로 똑똑히 보았습니다. 노인이 자기 손으로 보석을 바다에 버렸습니다."

선원들이 입을 모아 대답했다. 그러자 법관은 그들에게 유죄 판결을 내렸다.

"자신이 일생 동안 모은 보물을 버린다는 것은 생명의 위험에 빠졌을 때나 가능한 일이다."

선원들이 자진해서 상인의 보석을 배상하자 법관은 그들의 목숨만은 구해 주었다.

> 오랫동안 장사로 넓힌 상인의 식견은 확실히 남달랐다. 생명이 위태로운 상황에서 기지를 발휘하여 목숨을 구하고 재산도 도로 되찾았으니 말이다. "호랑이에게 물려가도 정신만 차리면 산다."는 말이 있지 않은가!

10

A red rose plooing in the desert

불행 뒤에는 반드시 행복이 방문한다 　-행운-

진정 행복한 사람은 자신에게 닥친 행운은 물론 불행까지 감당할 수 있는 사람이다.
침착하게 변화를 이겨내는 사람에게 불운은 닥치지 않는다. 　- 세네카(로마시대, 철학자) -

　　셰익스피어는 "인간사에는 늘 흥망성쇠가 있다. 운이 없어 떠밀리거나 무언가를 잃게 되는 일이 다반사다. 인생이라는 바다를 항해하는 내내 비극은 파도처럼 넘실거리게 마련이다"라고 말했다.
　　또한 마키아벨리는 "인간은 스스로 운을 만들기 어렵다. 그저 행운의 여신이 쳐놓은 거미줄에 놀아날 뿐, 거미줄을 끊어버릴 수는 없다"고 말했다.
　　그러나 성실한 자는 자신에게 찾아온 운을 능력껏 활용할 수 있다. 용감하고 신중한 자만이 행운을 얻는다. 여기에 풍부한 재치도 겸비해야 한다. 스스로 운을 더 좋게 만드는 사람이야말로 진정으로 위대한 사람이다.

샹송의 여왕 에디트 피아프는 출생부터 비극적이었다. 어머니는 그녀를 거리에서 낳았으며 그 후 2개월 만에 세상을 떠났다. 세 살 때 뇌막염으로 실명했지만 4년 후 시력을 되찾았다. 노래를 부르던 술집에서 만난 바텐더와 결혼해 아이를 낳았지만 곧 버림받았다. 아이의 우윳값을 벌기 위해 남자들에게 몸을 팔아야 했다.

그러나 목숨을 걸고 가수가 되기 위해 노력한 결과 훗날 〈장밋빛 인생〉, 〈사랑의 찬가〉, 〈빠담 빠담〉같은 명곡을 남겼다.

일본의 마쓰시타 그룹의 창업자 마쓰시타 고노스케는 하늘이 자신에게 세 가지 큰 은혜를 주었다고 말했다. 그건 가난한 것, 허약한 것, 못 배운 것이었다.

한 기자가 "그건 모두 불행한 것이 아닙니까?"라고 묻자 그는 이렇게 답했다.

"저는 가난했기에 부지런히 일할 수밖에 없었고, 허약했기 때문에 건강에 특별히 신경을 썼으며, 초등학교 4학년 밖에 다니지 못했기 때문에 항상 배우려는 노력을 할 수 있었습니다."

불행을 겪으면 사람은 남을 원망하고 남의 탓만 하게 된다. 하지만 불행 뒤에는 반드시 행복이 온다는 사실을 잊지 말아야 한다. 불행이 없다면 설사 행복한 조건을 갖추고 있더라도 그 사실을 인지하지 못한다.

11

고정관념은 사람을 멍청이로 만든다 - 편견 -

세상에 가장 드문 것은 아마도 편견 없는 사람일 것이다.
나는 편견을 가지지 않는 것에 가장 큰 가치를 부여한다.   - 존 P. 그리어 -

편견은 안개다. 우리가 세계 여행 중에 만나는 그 안개는 종종 가장 밝은 것을 어둡게 만들고, 길에서 만나는 모든 좋은 것과 영예로운 대상을 가려버린다.

타이런 워즈워즈는 "편견에 사로잡힌 사람은 악마에 사로잡힌 것이다"라고 말했다.

편견을 조심해야 한다. 모든 사람은 자신의 경험 안에 갇혀있는 죄수다. 아무도 편견을 제거할 수 없다. 다만 인식할 뿐이다.

앙드레 지드는 "세상에서 가장 드문 것은 아마도 편견 없는 사람일 것이다. 나는 편견을 가지지 않는 것에 가장 큰 가치를 부여한다"고 말했다.

머리빗을 파는 회사 사장이 직원 3명에게 절에 가서 빗을 팔아 오라고 했다.

처음으로 절에 간 판매 사원은 불평을 쏟아냈다.

"대체 머리빗을 쓸 일이 없는 스님들에게 어떻게 빗을 팔라는 거야."

마지못해 절을 찾아간 그는 빗을 팔아보려고 "스님, 반짝 머리가 아주 멋지십니다."하면서 스님들을 추켜세웠지만, '반짝 머리'라는 말에 기분이 상한 스님들은 그를 내쫓았다.

두 번째로 절에 간 판매 사원은 생각을 다르게 했다.

"스님, 빗으로 머리를 눌러주면 혈액 순환에 아주 좋습니다."

그의 말을 들은 스님들은 빗으로 머리를 눌러보더니 효과가 있다며 머리빗을 샀다.

세 번째 판매사원은 곧장 스님들에게 가지 않았다. 절 구석구석을 둘러보았다. 그러고는 스님들을 찾아가서 이렇게 설명했다.

"절 곳곳에 빗을 놓아두시면 절을 찾아온 신도들이 좋아하겠군요."

그 말을 들은 스님들은 "왜 그런 생각을 여태 못했지."하면서 머리빗을 수 십 개를 샀.

고정관념의 벽을 허무는 것은 인식의 파괴가 아닌가. 두 번째 판매사원은 '빗은 머리카락을 빗는 도구뿐 아니라 다른 도구로도 쓰일 수 있다.'고 생각했다.

세 번째 판매사원은 절은 스님들만 모여 사는 곳이 아니라 신도들의 왕래가 있다는 점에 착안하여 인식을 확대했다.

현대그룹 고(故) 정주영 회장께서 직원들에게 입버릇처럼 하는 말이 있다. '고정관념에 빠지지마라' 이다.

고정관념은 사람을 멍청이로 만든다. 사람은 편견을 버렸을 때 멀리 보는 안목이 생기고 새로운 지혜를 얻게된다.

> 편견은 무지의 아들이다. 판단이 약해질 때까지 무지는 강하다.
> 편견은 안개다. 우리가 여행 중에 만나는 안개는 종종 가장 밝은 것을 어둡게 만들고 길에서 만나는 모든 좋은 것들과 영예로운 대상들을 가려버린다.

12

위대함만큼 단순한 것도 없다 　-즐거움은 단순함에서 온다-

어떤 것도 위대함만큼 단순하지 않다. 사실 단순해진다는 것은 위대해 진다는 것이다. -에머슨-

　무화과나무를 우습게 생각하는 올리브나무가"겨울철이면 잎사귀가 다 떨어져 가지들이 아주 흉하지. 나는 일 년 내내 푸른 잎을 가지고 있으니 얼마나 아름다우냐!" 라고 뻐겼다.
　얼마 후 큰 눈이 내렸다. 올리브 나무 푸른 잎들에 눈이 내려앉자 무게를 이기지 못한 나뭇가지들이 모두 꺾였다. 가지들이 꺾인 올리브나무의 몰골은 흉측했다.
　그런데 무화과나무는 잎이 완전히 진 상태였기 때문에 눈이 가지 사이로 떨어져 내려 아무런 피해를 입지 않았다. 눈이 내리기 전과 후 무화과나무의 모습은 변함이 없었다.
　외적인 아름다움은 쉽게 환경에 적응하지 못해 아름다움이 부담으로 작용하거나 재앙이 되기도 한다.

날마다 뿔 자랑만 하던 사슴이 어느 사냥꾼한테 쫓겨 숲으로 달아나다가 아름다운 뿔이 덩굴에 걸려 잡혀 죽었듯이 외적 화려함 보다는 눈에 보이지 않는 소박함이나 단순함이 즐겁게 살 수 있는 힘이 된다.

사람들은 올리브나무처럼 허영심을 버리지 못하거나 신분, 지위, 명예와 같은 무거운 짐을 떠안고 산다. 그래서 평생토록 마음의 여유를 찾지 못하고 진정한 기쁨을 누리지 못하고 살아간다.

다음 이야기는 단순함에서 얻을 수 있는 기쁨에 관한 것이다.

세상 고민을 모두 짊어진 듯 비관만 하며 즐거움이 뭔지도 모르고 사는 사람이 있었다.

어느 날 그는 소크라테스를 찾아가 불만을 늘어놓은 뒤 해답을 가르쳐 달라고 했다.

소크라테스는 별말이 없이 나무를 켜서 배를 한 척 만들라고 했다.

사내는 소크라테스가 시키는 대로 열심히 배를 만들었다. 사흘 후 배를 완성한 그는 소크라테스와 함께 배에 올랐다. 소크라테스는 사내와 뱃놀이를 하며 기뻐했다.

사내는 소크라테스에 동화된 듯이 자신도 모르게 "기분이 정말 좋아요!" 하고 소리를 질렀다. 그러자 소크라테스가 정색을 하며 말했다. "기쁨은 바로 이런 것이요 당신이 어떤 일에 전념해서 성과를 거두면 기쁨이 저절로 당신을 찾아옵니다!"

즐거움은 단순함에서 비롯되고 고뇌는 대부분 복잡함을 초래한다. 복잡하게 사는 사람은 매사에 생각이 너무 많고 손해보지 않으려고 안간 힘을 쓴다. 그런 상태가 지속되다 보면 항상 긴장감이 유지된다. 긴장 상태가 지속되면 마음이 무겁고 무력감과 답답함에 시달리므로 즐거움과는 무관한 사람이 되어버린다.

사람이 단순하게 행동하며 살기란 말처럼 쉽지가 않다. 단순해지기 위해서는 생각하는 능력과 정신적인 각성이 필요하며, 탐욕과 헛된 생각을 버리고 가식적인 치장과 위선을 떨쳐 버려야 한다.

간단히 말해 평상심이 있어야 단순할 수 있다.

> 평상심을 유지하면 삶의 무거운 짐을 내려놓고 단순한 사람으로 거듭날 수 있다. 단순함은 아름다움 그 자체이며 영혼의 오아시스이다. 인간은 단순할 때만이 영적 자유를 만날 수 있고 일상의 권태로움이나 피로감, 우울증에서 벗어날 수 있다.

13

지혜는 만인의 보물이지만, 판단력은 현인만의 보물이다. - 판단력 -

진정한 학식은 무엇이 존재하는 지가 아닌, 무엇을 의미하는지 아는 것에 있다. 이는 기억력이 아닌 판단력이다.   - 러셀 로웰은 -

　우리 속담에도 "열 길 물속은 알아도 한 질 사람 속은 모른다"는 말이 있다. 그만큼 타인을 판단하기가 어렵다는 뜻일 게다. 예전이나 지금이나 인재를 구하고 선택하는 일은 지도자의 판단력에 달려 있다.
　다음은 삼국지에 나오는 일화를 소개하겠다. 유비는 조조에게 쫓겨 형주의 유표에게 몸을 의탁하고 널리 인재를 구하고자 고심하고 있었다.
　어느 날 서서가 찾아와 제갈공명에 대한 이야기를 전해 주었다.
　그는 지금은 초막에 묻혀서 한가하게 밭이나 갈고 있는 형편이지만 가만히 누워있는 용이라 할만합니다.

장군께서 한 번 만나보시면 어떠시겠습니까? 그러자 유비는 그를 한 번 데리고 와 달라고 부탁했으나 서서의 대답을 달랐다.

장군께서 방문하신다면 그를 만나볼 수는 있겠으나 불러들인다면 그는 결코 오지 않을 것입니다 이렇게 해서 유비는 와룡촌으로 세 번씩 방문하여 가까스로 제갈공명을 만날 수 있었다.

마지막 승자는 누구인가?

아프리카의 어느 늪지대가 오랜 가뭄 때문에 메말라 가고 있었다.

이 늪에서 살고 있던 악어들은 생존이 힘들어지자 동족을 잡아먹기 시작했다. 적자생존, 약육강식이란 비정한 자연의 법칙이 생생하게 연출되었던 것이다.

이 무렵 덩치는 작지만 용감한 악어 한 마리가 늪을 떠나 새로운 곳으로 가려고 결심했다. 타들어가는 가뭄이 계속되자 늪의 물은 거의 다 말랐고, 힘이 센 악어가 약한 놈들을 거의 다 잡아먹어 남은 악어들도 죽을 날만 기다리고 있었다. 그런데 늪을 떠나 다른 곳으로 가는 악어는 한 마리도 없었다. 낯선 곳으로 가는 것보다는 지금 살고 있는 늪이 그래도 안전하다고 여겼기 때문이다.

늪이 완전히 육지처럼 되었을 때, 이 늪에 살았던 악어 떼 가운데 여전히 살아 있는 놈은 바로 늪을 떠났던 작은 악어뿐이었다.

며칠 동안 이곳저곳을 돌아다니던 이 악어는 새로운 호수를 찾았던 것이다. 자연에 적응하는 생물체만이 살아남는다고 하지만, 강자만이 생존하는 것은 아니다. 떠날 때를 알았기 때문에 잡아먹힐 운명에 처했던 약한 악어는 살아남은 것이다. 생각을 바꾸면 운명이 바뀌어 적자생존의 주인공이 될 수 있다는 사실을 이 악어는 증명한 것이다.

 어느 회사에 근무하던 유능한 여성이 한 상사로부터 심하게 견제를 받아 운신이 어려워지자 사표를 던졌다. 그녀는 창업을 단행했고, 몇 년 후 상당한 규모의 기업을 소유한 경영자가 되었다. 수입은 샐러리맨 시절의 수십 배로 늘었다. 그런데 그녀를 괴롭혔던 상사는 회사가 도산하는 바람에 실업자가 되었다.
 그는 어쩌면 성공한 이 여자 후배로부터 감사의 인사를 받아야 할지도 모른다. 그녀에게 다른 곳에서 꿈을 찾을 기회를 제공한 당사자니까.
 인생은 이렇다. 강자가 반드시 결승전에서 우승 트로피를 거머쥐는 않는다. 그보다는 적절한 시기에 자신을 변화시키고 새로운 국면을 맞이하는 사람이야말로 환경에 더 잘 적응하여 끝까지 생존한다.

> 중요한 사실은 꿈을 잃지 말고 한 곳에서 자아실현이 어려우면 재빨리 다른 곳을 찾아야 한다는 것이다. 현재 자신이 발을 붙이고 있는 곳에만 집착하지 않고 낯선 다른 곳에서라도 당장 꿈을 찾는다면 당신은 더 넓은 세상을 자신의 몫으로 만들 수 있다.

제3장
리더십 편

리더십은 인격이다.
지도자는 희망을 나르는 사람이다.
위대한 지도자는 그들의 효과를 배후에서 연출한다.
자신을 지배할 수 있는 자가 남도 지배할 수 있다.
위대한 지도자는 책임지는 순간을 제외하고
자신의 추종자들보다 자신을 높이지 않는다.
리더십은 남들을 설득하여 실행되어야 한다고 확신하게 만드는 기술이다.
지도자에게는 두 가지 중요한 특성이 있다.
리더십은 남들로 하여금 그들이 원치 않는 일도 하도록 설득하는 능력이다.
첫째는 목적지가 있으며
둘째는 자신과 함께 가자고 남들을 설득할 수 있다.
리더십에서 신뢰는 최대의 자본이다.
리더는 인격으로 말하는 사람이다.
진실과 사랑이 담긴 말을 하면서 그것을 삶으로 보여주어야 한다.
이런 사람이 진정한 리더이다.

리더의 능력은 언행일치에서 나온다 -리더의언행일치-

인간의 품성 중 가장 부드러운 것은 정직이다. 정직은 인격의 초석이며 미덕이다.　　- 조지워싱턴 -

　　막 출발하려는 기차에 간디가 올라탔다. 그 순간 그의 신발 한 짝이 벗겨져 플랫폼 바닥에 떨어졌다. 기차가 이미 움직이고 있었기 때문에 간디는 그 신발을 주울 수가 없었다. 그러자 간디는 얼른 나머지 신발 한 짝을 벗어 그 옆에 떨어뜨렸다. 함께 동행했던 사람들은 간디의 그런 행동에 놀라지 않을 수 없었다. 이유를 묻는 한 승객의 질문에 간디는 미소를 지으며 말했다.

　　"어떤 가난한 사람이 바닥에 떨어진 신발 한 짝을 주웠다고 상상해 보십시오. 그에게는 그것이 아무런 쓸모가 없을 겁니다. 하지만 이제는 나머지 한 짝마저 갖게 되지 않았습니까?" 말로써 가르치려 하지 말고 삶으로 가르쳐라. 리더는 풍부한 식견을 쌓고 좋은 태도를 몸에 익혀야 한다. 가치가 있다면 아무리 작고 하찮은 일이라도 소홀히 여기지 마라, 대수롭지 않게 여겼던 작은 일 때문에 평생의 노력이 물거품이 될 수도 있다. 생각하지 않고 내뱉은 말 한 마디와 행동 하나가 인생을 무너지게 할 수도 있다.

어느 날 한 어머니가 아들을 데리고 간디를 찾아 왔다. 간디 앞에 무릎을 꿇은 어머니는 아들을 도와주기를 간청했다.
"선생님 제 아들을 도와주세요. 아들이 설탕을 너무 좋아해요 건강에 나쁘다고 아무리 타일러도 안 들어요. 그런데 아들이 간디 선생님을 존중해서 선생님께서 설탕을 끊으라고만 하면 끊겠다는군요."
간디는 소년의 눈을 바라보며 그의 어머니에게 말했다.
"도와드릴 테니 보름 뒤에 아드님을 데려오세요."
"저희는 선생님을 뵈러 아주 먼 길을 왔습니다. 그냥 돌려보내지 마세요. 제 아들에게 설탕을 먹지 말라고 한 마디만 해주세요."
간디는 다시 한 번 소년의 눈을 지그시 바라보며 말했다.
"보름 뒤에 다시 아드님을 데리고 오세요."
보름 뒤 그 어머니는 아들을 데리고 간디를 찾아 갔다. 간디는 소년에게 말했다.
"얘야, 설탕을 많이 먹으면 건강을 해치니 먹지 않는 것이 좋겠구나."
그 어머니는 고마운 뜻을 전하면서 간디에게 물었다.
"선생님, 궁금한 게 있습니다. 보름 전에 제가 아들을 데리고 선생님을 찾아뵈었을 때 왜 보름 후에 다시 찾아오라고 하셨습니까?"

간디가 말했다. "실은 저도 설탕을 좋아합니다. 보름 전에는 저도 설탕을 먹고 있었거든요. 아이에게 설탕을 먹지 말라고 하기 전에 제가 먼저 설탕을 끊어야 했습니다."

> 리더의 능력은 언행일치에서 나온다. 리더의 말 한 마디 한 마디가 행동과 일치할 때 진정한 리더십이 발휘되고 훌륭한 인격체로 거듭날 수 있다.

마음을 여는 지혜 - 경청의 리더십 -

경청은 단순히 말을 하지 않는 것이 아니라 상대의 진심을 믿고 받아들인다는 의미를 가지며 그대의 마음에 중심이 상대를 향한 것이다.   - 탈무드 -

　신이 인간에게 한 개의 혀와 두 개의 귀를 준 것은 말하는 것보다 두 배로 많이 들으라는 것이다.
　인간관계에서 중요한 것은 뭐니 뭐니 해도 상대방의 말을 끝까지 들어주는 것이다.
　그런데 그게 말처럼 쉽지는 않다. 그 이유는 사람은 누구나 자기중심적 사고를 갖고 있기 때문에 상대방의 생각을 쉽게 받아들이지 않으려는 경향이 있기 때문이다.
　이청득심(以聽得心) 귀 기울여 들으면 남의 마음을 얻는다는 뜻이다.
　경청이란 단순히 말을 하지 않고 듣는 것이 아니라, 상대방의 진심을 믿고 받아들인다는 의미를 가지며 마음의 중심이 상대를 향하는 것이다.

그래서 말을 들을 때는 언제나 상대방의 눈을 보아야 한다. 상대의 눈을 보지 않고 다른 곳을 본다거나 하는 것은 커다란 결례이다. 상대의 말은 귀가 아닌 눈으로 들어야한다.

일찍이 공자도 〈논어〉 위정편에 이순(耳順)이 되어서 인생에 경륜이 쌓이고 사려와 판단이 성숙하여 남의 말을 받아들이는 나이가 되었다고 했다.

말을 배우는 데는 2년이 걸렸지만 말을 듣는 데는 꼬박 60년이 걸렸다고 했다.

흔히 '말하는 것은 지식의 영역이고, 듣는 것은 지혜의 영역이다'라고 말한다.

경청은 사람의 마음을 얻기 위한 가장 기본적인 방법이자 최고의 경쟁력이다.

자신의 귀를 열면 상대의 입을 열 수 있으며, 자연스럽게 마음까지 열 수 있다.

간혹 상대의 이야기가 자신의 생각과 다르다며 중간에 끼어들거나 무시할 때가 있는데 이러한 자세 역시 스스로 경계 할 줄 알아야한다.

조선시대 1597년 정유재란 당시 13척의 전선으로 133척의 왜선을 물리쳤던 충무공 이순신 장군의 리더십이 지금도 여전히 주목받고 있는 것은 그가 불가능해 보이는 상황을 가능의 상항으로 만들었기 때문이다. 그 가능의 길을 열어준 것은 바로 득심(得心)의 리더십이다.

그가 병사와 백성들의 가슴 깊은 곳에서 신뢰를 끌어내지 않았다면 그의 전술능력, 충성심, 용기가 과연 지금도 우리 입에서 회자될 수 있을까 이다. 그의 리더십을 연구하는 학자들은 그가 병사와 백성들의 뼛속까지 파고드는 신뢰를 끌어 낼 수 있었던 비결은 '경청'에 있다고 말하고 있다.

과거 미국의 남북전쟁 와중에서 궁지에 몰린 링컨 대통령은 상의할 것이 있다면서 일리노이에 사는 옛 친구에게 워싱턴까지 와 줄 것을 요청하는 편지를 보냈다.
그는 백악관을 방문한 친구를 상대로 몇 시간 동안 쉬지 않고 떠들어 댄 다음 한 마디의 의견도 물어보지 않고 작별을 고했다. 링컨은 조언을 듣고 싶었던 것이 아니라 자신의 속 마음을 털어놓을 수 있는 우호적인 경청자를 원했던 것이다.
링컨은 훌륭한 경청자를 친구로 둔 덕분에 성공한 대통령이 될 수 있었다.
칭기즈칸이 몽골제국을 통일할 수 있었던 것도 그는 언제나 열린 귀로 상대의 말을 들었고, 머리보다는 가슴으로 말하는 리더였다.

역사 속에 위인들을 보면 그들도 역시 상대의 이야기를 잘 들어주는 경청의 리더십을 통해 그들의 역사를 쓰고 새로운 문화를 만들어 왔다.
경청은 상대의 마음을 얻고(得心) 이해를 돕는데 마음의 특효약이었다.

　그것은 상대방의 진심을 믿고 받아들인다는 의미를 가지며 마음의 중심이 상대를 향하는 것이기 때문일 것이다.

　그래서 말을 들을 때는 언제나 상대방의 눈을 보아야 한다. 상대의 말을 듣는 것은 귀 아니라 눈이다.

> 21세기는 감성의 시대이다. 냉철한 머리보다는 따뜻한 가슴으로 말할 때 상대의 공감을 얻을 수 있고 마음의 문을 열 수 있다.
> 경청은 상대의 마음의 문을 열 수 있는 열쇠이며, 시대를 초월해 인간다운 품격을 완성하는 정신자세이다.

 **03**

성공한 사람의 공통점은 하나같이 디테일에 강하다
- 디테일의 리더십 -

확신이 없는 사람이 성공하는 일은 거의 없다. 이들은 동료들에게도 결코 존경받지 못한다. 성공을 일구는 사람들은 결정하기 전까지 신중을 기해 결정하고 실행에 돌입하면 단호하고 끈질기다   - L G 엘리엇 -

나폴레옹은 전쟁의 영웅이었다. 무패를 자랑하던 나폴레옹 군대가 이탈리아와 전투에서 패전한 일이 있었다.

나폴레옹은 중요한 작전을 수행하기 위해 각 부대에 집결 명령을 내렸다. 명령이 하달된 시간에 모든 군대들이 집결하여 공격 준비 태세를 갖추었다.

그런데 한 부대가 나타나지 않아 공격 타이밍을 놓쳐 버렸다.

한 기병대대가 늦게 도착한 바람에 승기를 잃은 나폴레옹은 화가 머리끝까지 치솟았다. 그래서 그 원인을 규명하라고 명령을 내렸다. 자초지종을 조사해 본 결과, 그 기병대대가 늦게 도착한 것은 1개 중대가 늦게 온 때문이었다.

그 중대가 늦게 온 것은 1개 소대가 늦게 온 때문이었다. 그리고 그 소대가 늦어진 것은 한 병사가 탄 말의 발굽에서 편자 못 하나가 빠져나갔기 때문이었다.

그 병사는 말발굽에 편자 못 하나를 박고 오느라고 늦었다고 했다.

그러고 보면 무패를 자랑하던 나폴레옹의 패전은 바로 그 자그마한 편자 못 하나 때문이었던 것이다.

평소에 말발굽에 박을 편자 못 하나를 소홀히 한 실수가 국가의 운명을 그르친 회한으로 돌아오게 되었다.

개인의 삶에도 무심코 지나친 작은 일 하나 때문에 큰 낭패를 보거나 뼈아픈 패배를 당하는 경우가 허다하다.

성공과 실패의 차이를 만들어 내는 엄청난 일들도 막상 그 과정을 들여다보면 어처구니없는 사소한 것 한 두가지 때문인 경우가 허다하다. 저수지의 방죽도 개미구멍으로 무너진다.

마라톤 선수를 더는 달려가지 못하도록 주저앉히는 것은 운동화에 들어간 작은 모래알 때문이다 이처럼 디테일한 작은 것 하나가 치명적인 결과를 가져올 수 있다.

현대그룹 고(故) 정주영 회장이 현역에 있을 때 현장을 점검하는 일화는 유명하다.

그는 건설현장이든 모든 현장을 마무리할 때는 정문에서부터 현장

전체를 빠짐없이 둘러보고 현장에 떨어진 나사못 하나까지 '이것이 왜 여기에 떨어져 있나'를 점검하고 사고에 대비하여 미처 보이지 않는 구석까지 세심하게 검토한다.

그에게는 대충 대충, 이 정도, 이 정도면, 하는 말은 통하지 않았다. 거의 완벽에 가깝게 검토한 후에도 혹시나 하고 한 번 더 점검하는 습관이 배어 있다.

그리고 마지막에는 신이 보아도 완벽하리만큼 깔끔하게 끝을 맺었다고 한다.

> 큰 일을 하는 사람들은 범인이 보기에 역겨우리만큼 작은 것 하나 하나에도 세심한 주의를 갖고 경계를 늦추지 않는다.
> 성공은 그 작은 것 하나 하나가 모여서 만들어 낸 결과물이다.

04

자신을 지키는 최고의 가치 　- 절제의 리더십 -

참된 행복은 절제에서 나온다. 절제는 모든 미덕의 진주목걸이를 꿰는 끈이다. 　- 괴테 -

옛날 말에 '아흔 아홉 개 가진 놈이 한 개 가진 놈 것을 빼앗으려고 한다'는 말이 있다.

인간의 욕심은 무한대하고 끝이 없다는 말이다.

동물의 왕 사자는 배가 고파서 사냥을 할 때도 자신의 배만 채우면 남은 것은 거들떠보지도 않고 지나간다. 나머지는 하등동물의 몫으로 남겨 두고 간다.

그러나 배가 불러도 분수를 넘어 탐식하는 것은 우리 인간 밖에 없다. 인간의 끝없는 욕심이 화를 부르고 결국에는 패가망신하는 경우를 주변에서 똑똑히 보고 있다.

정권욕에 눈이 멀어서 마지막에는 비극을 초래하는 경우를 보았고,

지나친 투자로 재기 불능한 기업들, 분수를 모르고 흥청망청 쓰고 살다가 결국에는 전 재산을 거덜내고 거리로 쫓겨난 사람들, 게다가 게임이나 알콜 중독에 빠져있는 사람들, 우리 주변에는 자신을 지키지 못해 절망의 늪에서 헤어나지 못하고 살아가는 사람들이 수없이 많다.

절제는 자신을 가꾸고 지켜나가는 마음의 블랙크이다. 그 마음의 블랙크가 제어되지 않고 작동이 어려우면 인생은 고장이 난다.

절제는 멈춰야 할 때와 물러설 때를 아는 지혜이며 멈출 수 있는 용기이다. 마음과 생각, 언어, 영적인 삶에 이르기까지 삶의 모든 영역에서 절제는 우리를 안전하게 지켜주는 버팀목이다.

인간은 자신의 생각과 마음, 그리고 육체가 원하는 대로 살고자 하는 욕구가 있다. 마치 어린 아이들이 성장하여 어른이 되면 가장 좋다고 여기는 것은 '내 마음대로 할 수 있다'는 생각이 착각임을 우리는 잘 알고 있다. 이렇게 교만하고 이기적인 존재가 어떻게 자기를 제어하고 성숙함을 이루어 갈 수 있을까.

아무리 아름다운 성령의 열매도 절제라는 바구니에 담기지 않으면 도(道)를 넘게 되어 결국 덕이 되지 못함을 삶의 현장에서 종종 경험한다.

우리는 근본적으로 절제가 익숙하지 않다. 그러기에 절제는 든든한 울타리처럼 경계를 이루고 도를 넘지 않게 하는 힘이 있다. 마음과 몸과 생각 그리고 입술마저도 이기적 욕심과 교만함에 의하여 통제를 받기 때문이다.

역사의 위인들은 한결같이 절제의 삶을 살았고 그 가치의 힘을 믿었던 사람들이다.

간디는 삶속에서 자기절제를 가장 잘 실천한 사람이다. 그가 인류의 스승으로 추앙받는 것은 그의 위대한 절제정신 때문이다. 그는 삶 속에 검소함을 생활화했고 언행일치를 실천하는 성인이었다. 심지어 인간으로서 실천하기 어려운 금욕까지도 아내와 동의하에 지켜 나갔다. 그는 이같은 금욕적이고 간소한 생활을 사회적 열정으로 승화시켰다. 절제는 공공복리를 위해 일하고자 하는 그의 욕망을 더욱 배가시켰다.

그리고 절제에 대해서 빼놓을 수 없는 또 한 사람이 있다.

'내 인생의 철학은 절제에 있다'라고 말하는 사람, 세상에서 가장 가난한 대통령으로 소개한 사람, 그는 28년 된 낡은 자동차를 끌며 자신의 월급 90%를 기부한 우루과이 호세무 히카 전) 대통령이다. 그는 노숙자들에게 대통령궁을 내주었고 검소하고 친근한 카리스마로 전 세계에 새로운 대통령상(像)을 보여준 사람이다.

그는 2015년 3월 임기를 마쳤을 때 국민들의 높은 지지율을 받았다. 또한 프란치스코 교황까지도 그를 현자(賢者)라고 칭송한 대통령이다.

가난은 절제의 어머니다
절제는 모든 미덕의 진주목걸이를 꿰는 비단 끈이다.
인생에서 가장 중요한 것은 무엇이든 너무 많이 소유하지 않는 것이다.

누구에게나 자신만의 분야가 있다. － 지식 －

지식은 갈망의 눈이요, 영혼의 지도자가 될 수 있다. － 윌 듀란트(미국, 철학자) －

공자는 "아는 것을 안다고 하고, 모르는 것을 모른다고 하는 것이 참으로 아는 것이다."라고 말했다. 모든 것을 아는 것은 그다지 중요하지 않다. 모든 것의 정확한 가치를 아는 것, 우리가 배운 것을 올바로 이해하는 것, 그리고 우리가 아는 것을 활용하는 것이 더 중요하다.

돈이 없어서 가난한 것보다 더 큰 가난은 알지 못함의 가난이다. 사람들은 아름다움, 선, 영광들을 알지 못한 채 세상을 돌아다닌다. 이들은 영혼이 가난한 자들이다. 가난한 영혼으로 고통 받느니 텅 빈 지갑을 택하는 편이 더 낫다.

지식은 항상 열려있는 눈과 부지런한 손에 의해 생겨난다. 따라서 힘이 없는 지식이란 없다. 지식은 두려움의 해독제이다.

인도의 어느 마을에 큰 연못이 있어서 목동들은 소와 양을 몰고 와 물을 먹였다.

심한 가뭄이 들어도 잘 마르지 않는 연못이었다. 어느 날 이 연못에 이상한 풀이 자라기 시작하면서 물고기들이 죽어 떠오르기 시작했다.

소나 양들은 물을 더 이상 마시지 않으려고 했다. 마을 사람들이 모여 연못에 물을 퍼내고 바닥에 독초를 뽑아냈다. 겨우 연못에 물이 채워지자 다시 독초가 자라났다. 또 물을 퍼내고 독초를 뽑아냈다. 그런 일이 여러 번 반복되었다.

그 마을을 지나가던 한 늙은 브라만이 독초를 뽑으려고만 하지 말고 버드나무를 심어보라고 말했다. 연못가에 있는 버드나무들이 자라면서 독초는 죽기 시작했다. 다시 연못가의 물이 맑아졌다. 소와 양은 예전처럼 그 물을 마시게 되었다. 버드나무가 더 크게 자라자 새들이 날아와 지저귀기 시작했다. 예부터 버드나무는 독초를 죽이고 해독하는 기능이 있다고 알려졌다. 연못의 독초를 뽑는 대신 버드나무를 심어 독초도 없애고 새들의 노랫소리도 듣게 된 것이다.

사람은 누구든 특출한 성과를 올릴 수 있는 자기만의 분야가 있다.

자신의 약점을 강점으로 만들려고 애쓰지 말고 강점에 집중해야 효과가 있다. 무엇이든 열심히 잘하면 다 잘된다는 생각은 대단히 위험하다.

우리 사회의 약점은 공부 잘하는 사람이 정치, 경제, 예술 무엇이든

다 잘한다고 착각하는 것이다. 한 분야에 탁월한 사람이라도 다른 부분에선 아무리 노력해도 안 되는 경우가 분명히 있다. 자신의 약점에만 매달리면 악순환에 빠지기 쉽다. 다람쥐가 쳇바퀴를 돌릴 때 약간 앞으로 간 것 같으나 다시 제자리에 오고 만다. 약점에 치중하는 악순환의 고리를 과감하게 끊고 강점을 발견해 성과를 올려야 한다.

약점을 건드리지 말고 그대로 둬라. 약점이 있으니까 인간이다. 그것이 더 매력적일 수도 있다. 현대는 개성의 시대다. 자신만의 노하우가 성공을 보장하는 시대가 되었다.
바로 자신이 잘할 수 있는 분야에 자신의 역량을 집중하면 성공과 행복을 함께 성취할 수 있다.
그러나 모든 분야에 다 잘하려고 하면 대부분 실패하게 된다

경험은 지식의 어머니다.
나의 인생을 지배하는 세 가지 단순하면서도 강력한 감정은 사람에 대한 갈망, 지시의 탐구, 그리고 인류의 고통에 대한 엄청난 동정이다.

06

베풀수록 커지는 미덕 － 배려의 리더십 －

소욕다시(小慾多施) 참다운 삶을 위해서는 욕심을 적게 갖고, 많이 베풀어야 한다는 것이다. － 공자 －

배려는 상대에 대한 입장과 상대에 대한 믿음을 기초로 한다. 자신의 입장이 아닌 상대방의 입장에서 생각하고 행동하는 것이 배려이다.

지나치게 욕심내지 않고, 가졌으나 가졌다고 뽐내지 않고, 잘났으나 지나치게 자신을 드러내지 않는 것이야말로 이 시대에 필요한 진정한 배려의 모습니다.

배려심의 부족은 공동체의식을 약화시켜 더불어 살아가는 사회 형성에 부정적인 영향을 미치게 된다. 주위의 어려운 이웃을 생각하지 않고 자기만 넘치도록 살아가면 된다는 식의 삶의 자세야말로 사회 계층의 위화감 조성과 더불어 살아가는 삶의 미덕을 극도로 훼손시켜 종국에 가서는 불안한 사회로 변해 간다.

전남 구례군 토지면 오미리에 있는 영조(1776)때 낙안군수 류이주 선생이 지은 운조루(雲鳥樓)가 있다.

운조루는 조선시대 건축 가옥의 모습을 잘 나타내고 있는데 7년간의 대공사를 거쳐 완공할 만큼 그 규모가 매우 웅장하다. 운조루의 후미진 곳간 채에 쌀이 두 가마 넘게 들어가는 큰 통나무 뒤주가 있다.

뒤주의 아랫 부분에는 구멍이 뚫려있고, 그 구멍을 막는 마개에는 他人能解(타인능해)라는 글씨가 적혀있다. 쌀을 채워두니 배고픈 주민은 누구나 '쌀을 가져갈 수 있다'는 의미다. 바로 나눔의 뒤주였던 것이다.

운조루는 이 뒤주를 사람이 잘 다니지 않는 곳에 두어 쌀이 필요해서 가져가는 사람들이 상처받지 않게끔 세심한 '배려'까지 해주었다.

운조루에는 나지막한 굴뚝이 있었다. 연기가 높이 올라가지 않도록 하기 위해서이다. 식량이 부족한 이웃이 많은 데 밥 짓는 연기를 날리는 것은 도리가 아니라고 생각했기 때문이다. '내 것 내 맘대로 하는데 웬 참견이냐'가 아니라 이웃의 아픔을 보듬으려는 '상생'의 마음을 가졌던 것이다. 대저택 운조루가 근대사의 수많은 변란 속에서 지주계급이 무참히 처단되고 가옥이 손실되는 가운데서도 250년이 넘도록 그 원형을 지키며 보존돼온 이면에는 이같은 정신이 있었다.

소욕다시(小慾多施)라는 사자성어가 있다. 참다운 삶을 위해서는 욕심을 적게 갖고, 많이 베풀어야 한다는 것이다.

법정스님께서는 "행복의 척도는 필요한 것을 얼마나 많이 갖고 있느냐에 있지 않다.

　불필요한 것으로부터 얼마나 벗어나 있는가에 있다. 지나친 소유는 어리석은 집착에 불과하며, 분수에 넘치는 것을 바라지 않고 비워냄이야말로 행복에 이르는 길이라고 일깨워 주셨다." 기쁨을 나누면 배가 되고 슬픔을 나누면 반이된다고 했다. 가진 사람들은 삶의 무게로 힘겨워하는 이웃들을 위해 나누고 양보하는 삶을 살려고 노력해야한다.

　펄벅 여사가 1960년경에 처음으로 한국을 방문했을 때 기행 목격담을 옮겨 보았다.
　그녀가 경주 지방을 방문하고 있을 때의 일이다.
　해질 무렵, 지게에 볏단을 진 채 소달구지에도 볏단을 싣고 가던 농부를 보았다.
　펄벅은 지게 짐을 소달구지에 실어버리면 힘들지 않고 소달구지에 타고 가면 더욱 편할 것이라는 생각에 농부에게 물었다.
　"왜 소달구지를 타지 않고 힘들게 갑니까?"
　농부가 말했다
　"에이! 어떻게 타고 갑니까. 저도 하루 종일 일했지만 소도 하루 종일 일 했는데요.
　그러니 짐도 나누어지고 가야지요."
　당시 우리나라에서는 흔히 볼 수 있는 풍경이지만 펄벅은 고국으로 돌아간 뒤 세상에서 가장 아름다운 풍경이라고 기록했다.
　서양의 농부라면 누구나 당연하게 소달구지 위에 짐을 모두 싣고,

자신도 올라타 편하게 집으로 향했을 것이라고 생각했다. 하지만 한국의 농부는 소의 짐을 덜어주려고 자신의 지게에 볏단을 한 짐 지고 소와 함께 귀가하는 모습을 보며 짜릿한 전율을 느꼈다고 술회했다.

또 늦가을 감이 달려있는 감나무를 보고 따기 힘들어 그냥 남겨둔 건가요? 라고 물었을 때 겨울새들을 위해 남겨둔 까치밥이라는 설명에 펄벅 여사는 감동했다.

내가 한국에서 가 본 어느 유적지나 왕릉보다도 이 감동의 현장을 목격한 것 하나만으로도 나는 한국에 오기를 잘했다고 기록했다.

생활 속에 작은 배려가 외국인의 눈에는 큰 감동으로 느껴졌고 한편 한국인의 나눔과 배려의 정신을 깊이 깨우치는 좋은 목격담이었다.

> 우리 사회가 최소한의 배려와 믿음, 존경과 공경이 사라지면 혼란과 무질서로 사회 공동체 모두가 불행해 진다. 나 혼자만을 생각하지 말고 남을 배려하고 더불어 살아가는 자세로 살게 되면 이것이 주변으로 확산되어 온 세상이 배려로 충만해지게 될 것이며 궁극적으로 우리가 진정으로 바라는 좋은 사회로 성장 발전하게 될 것이다.

지도자의 리더십 - 맹사성의 리더십 -

남들을 설득하여 실행되어야 한다고 확신하게 만드는 것이 리더십입니다.   - 밴스 패커드(미국, 문학가) -

　최고의 지도자는 자신보다 똑똑한 조력자나 동료를 비롯해 주위 사람들에게 큰 관심을 보이고, 그들의 재능을 솔직하게 인정하고, 재능에 대한 대가를 기꺼이 지불한 사람이다. 지도자에게는 두 가지 특성이 있다. 첫째, 목적지가 있으며, 둘째, 자신과 함께 가자고 남을 설득할 수 있다.

　위대한 지도자는 책임지는 순간을 제외하고 자신을 추종자들보다 높이지 않는다.

　사람들은 지도자와 우두머리의 차이점을 묻곤 한다. 지도자는 공개적으로 일하고, 우두머리는 은밀히 일한다. 지도자는 남을 안내하고, 우두머리는 남을 조종한다.

　리더십은 남들로 하여금 그들이 원하지 않는 일도 하도록 설득하는 능력이다.

   조선시대 세종 때 좌의정과 우의정을 지낸 맹사성은 1435년 벼슬을 내놓고 온양에 내려가 초야에 묻혀 살았다. 그러자 그 고을에 사또가 새롭게 부임하면 당대의 명재상으로 알려진 맹사성을 찾아와 인사를 올리는 것이 관례처럼 되어 버렸다.
   어느 날 신임 사또가 관아의 관리들을 거느리고 맹사성을 찾아갔다. 그 때 마침 맹사성은 밭에 나가 김을 매고 있었는데 신임 사또는 행렬을 데리고 우르르 밭으로 몰려왔다. 하지만 맹사성은 사또가 온 것을 알고 있으면서도 그를 밭의 둔덕에 그대로 세워둔 채 본 체도 하지 않고 그대로 김만 매고 있었다.
   사또는 그냥 돌아갈 수도 없고 그렇다고 마냥 서 있을 수만도 없는 매우 난처한 지경에 이르렀다. 그러다가 노(老) 대감이 손수 땀을 흘려 가며 일하는 것을 그냥 보고만 있을 수가 없어, 그도 팔을 걷어붙이고 밭에 들어가 김을 맸다.
   그러자 아전들도 서로 질세라 밭으로 들어가 김을 맸고, 서산 마루에 해가 뉘엿뉘엿 넘어갈 무렵이 되어서야 맹사성은 허리를 펴고 손을 털며 일어섰다.
   "그만들 하시고 이리 나오시게."
   밭의 둔덕에 자리를 마련하고 앉은 맹사성은 그제야 신임 사또의 인사를 정중히 받았고, 술을 한 잔 따라 주면서 노고를 위로했다.
   "초면에 실례가 많았소이다. 하지만 과히 나무라지 마시오.

이 고을의 사또로 오셨으니 이 고을 백성들이 농사를 짓느라 얼마나 고달픈 생활을 하고 있는지 몸소 겪어 보는 것도 괜찮겠지요.

오늘 하루만이라도 뙤약볕 밑에서 땀 흘려 일을 해보셨으니 백성들의 노고가 어느 정도인지 아셨을 것입니다.

아침 저녁 밥상을 대할 때마다 밥알 하나하나에 맺혀 있는 백성들의 땀을 생각하십시오. 그리하여 부디 존경받는 목민관이 되시기 바랍니다."

그 말이 없었더라도, 맹사성이 몸소 보여준 모습만으로 신임 사또의 마음을 움직이기에 충분했다.

> 진정한 리더십은 말보다 행동으로 보여 준다.
> 열 마디의 말보다 한 가지 확실한 행동이 감동적이다
> 리더십은 남들을 설득하여 실행되어야한다고 확신하게 만드는 기술이다.

08

솔직함과 배려 － 존중의 리더십 －

위대한 사람들은 언제나 자신을 지배하는 것에 경건하고 충성스럽게 복종한다.
오직 하찮은 사람만이 그렇지 않다. － 토마스 칼라일(영국, 비평가, 역사학자) －

알버트 슈바이처는 "다른 사람의 인격을 존중하는 사람만이 그들에게 진정으로 유익하다. 존경하는 사람들에게 존경받는 것은 대중의 갈채보다 더 가치가 있다"고 말했다

한 사람에게 주어진 가장 좋고 많은 결실은, 내가 배울 수 있는 것을 가능하게 만든 존경의 힘이다. 인생을 살아가면서 주변에 존경한 사람을 많이 갖고 있다는 것은 성공적인 삶을 살았다고 볼 수 있다.

존경은 우정이나, 심지어 사랑보다 더 매력적이다. 그것은 사람의 마음을 사로잡고, 결코 배은망덕한 사람을 만들지 않기 때문이다.

사람을 다룰 때 절대 품어서는 안 될 세 가지가 있다. 두려움, 혐오, 멸시가 바로 그것이다. 다른 사람을 두려워 한다면 그들을 다룰 수가

없다. 다른 사람을 혐오하거나 멸시한다면 자신에게 유리한 방향으로 그들에게 영향을 미칠 수가 없다.

비굴해서도 안 되고, 남을 경멸해서도 안 된다. 자기존중과 타인의 존중하는 마음을 모두 갖춰야 한다.

초등학교를 다니는 아들이 산에 놀러 갔다가 처음 보는 풀 한포기를 발견하고 그것을 채집해 왔다. 대학교에서 식물학 교수로 계신 아버지에게 물어 보기 위해서였다. 아버지의 영향으로 아들은 식물에 관심이 많았고, 또 식물에 대해서 모르는 것이 없는 아버지를 자랑스럽게 생각하고 있었다.

"아빠, 오늘 산에 갔다가 이걸 채집했어요. 처음 보는 풀인데, 이름이 뭐예요?"

"어디 보자, 음…. 정말 처음 보는 풀이로구나. 이건 나도 잘 모르겠는걸."

"아빠는 식물학 박사잖아요?"

"허허. 아빠가 식물학 박사라고 해도 이 풀은 도대체 모르겠구나. 내일 연구실에 가서 책을 찾아보마. 아, 참 너의 선생님께 여쭈어 보는 것도 괜찮겠다. 그래, 그렇게 하렴. 아마 선생님이 잘 가르쳐 주실 거야."

아들은 다음날 학교에 가자마자 선생님께 그 풀을 보여 주며 물었습니다.

선생님은 아주 친절하게 그 풀에 대해서 가르쳐 주셨다. 이름뿐만 아니라, 그 풀의 특징과 어느 지방, 어떤 기후에서 잘 자란다든지 꽃이 언제 피고, 뿌리는 어떻게 쓰이는지 등을 자세하게 설명해주셨다.

그런데 그 선생님은 이미 그 풀에 대해서 설명을 해줄 준비가 되어 있었다.

그것은 전날 밤 아이의 아버지가 내일 아들이 어떤 풀에 대해 질문할 것이며, 질문해 올 때 이러한 내용을 잘 일러서 가르쳐주기 바란다는 내용의 전화를 했기 때문이었다. 이 일이 있고 난 뒤부터 그 아들은 아버지를 존경하듯이 선생님을 존경하고 신뢰하게 되었다.

현명한 아버지의 지혜가 선생님을 진심으로 존경하게 만들었다. 신뢰는 존경심을 갖게 하는 바로미터이다. 누군가를 진심으로 존경한다는 것은 마음 속에 푸른 옹달샘을 갖고 있다는 것이다.
존경은 신뢰와 믿음에서 우러나오는 마음의 무지개이다.

09

새로운 일을 시작하기 전에 너무 늦은 나이란 없다
- 열정의 리더십 -

성공한 사람들을 연구해 보면 그들의 행동에 전염성이 있다는 사실을 알게 된다.
그들은 자신의 행동으로 본인은 물론 상대방까지 흥분시킨다.   - 폴 W. 이베이(미국, 경영인) -

　열정만큼 전염성이 강한 감정은 없다. 열정은 이 세상에서 가장 위대한 자산으로 돈과 권력, 심지어 영향력까지 이긴다. 열정은 마치 신처럼 전지전능한 힘을 가진다.
　열정적으로 일하지 않는 사람은 스스로를 돌이켜 보아야 한다.
　이는 무언가 잘못되어가고 있다는 증거다. 자기 자신과 싸워라, 이를 악물고 자기가 세운 기록을 깨기 위해 달려들어라. 저절로 열정이 생기는 사람은 아무도 없다. 행동, 희망, 노력, 전망과 더불어 열정을 키워나가라. 열정을 잃어버린다면 그것은 자기 잘못이다. 매 시간 자신의 열정을 새롭게 다져라. 열정의 핵심은 의지다. 열정은 세대를 불문하고 기적을 일으킨다.

위대한 행동의 원동력이 되는 힘과 그것을 지탱하는 힘은 어디에 나 있다.

천재가 만든 모든 것은 열정의 산물이다.

한국전쟁에서 인천상륙작전을 감행했을 당시 더글러스 맥아더의 나이는 무려 일흔이었다.

그는 매일 시 한 편을 암송했다. 영국 시인 사무엘 울만이 쓴 「청춘」이란 시였다.

진정한 청춘이란 젊은 육체에 있는 것이 아니라 정신 속에 있다. 장밋빛 볼, 앵두 같은 입술, 유연한 신체, 이런 것은 중요한 것이 아니다. 중요한 것은 풍부한 상상력, 타오르는 정열, 이런 것이다. 당신의 마음속에 푸른 우체국이 있는 한 인생은 청춘이다. 용기 없는 정신 속에 청춘은 존재하지 않는다.

위대한 사랑을 위해 드러내는 용기와 모험 속에 청춘은 존재한다.

열정과 용기가 없는 사십 대라면 그는 이미 노인, 열정이 살아있고 용기가 춤을 춘다면 그대가 팔십 대라도 청춘이다. 사무엘 울만 「청춘」이란 시를 지은 것은 그의 나이 일흔여덟 살 때다.

청춘이란 인생의 한 시기가 아니라 마음 상태이다. 단지 나이를 먹는다고 늙은 것은 아니다. 꿈을 버릴 때 우리는 늙는다. 인생은 마음가짐에 따라 얼마든지 달라질 수 있다. 젊은 나이에도 용기를 잃고 비관에 빠지면 이미 늙은 것이다. 나이가 아흔이라도 삶에서 희망을 본다면 여전히 젊은 것이다.

　인생에서 나이는 생물학적 숫자에 불과한 것이다.

　마음 속에 참신한 샘물이 펑펑 쏟아져 흐르는 한, 인생은 언제나 청춘이다. 인간의 내면에는 젊음을 창출해 내는 강력한 힘이 도사리고 있다. 열정. 패기. 도전이라는 단어가 젊은이 들만의 전유물이 아니다. 누구나 붙잡기만 하면 삶의 무기로 활용할 수 있다.

> 현대인들은 구십이 넘는 나이에도 사업을 하고 왕성한 사회활동을 하고 있는 사람들이 주변에 너무도 많다. 인간에게 꿈과 희망은 노화를 방지하는 치료제이며 일은 인생의 불로초다.

10

성공한 사람은 화내는 법이 다르다
- 인내의 리더십 -

위대한 행동을 하려고 애쓰지 않아도 된다. 인내심을 갖추는 것만으로도 위대하고 고귀한 힘을 가진 것이다. - 호레이스 부쉬넬(미국, 기독교 사상가) -

　아랍 속담에 '인내는 가장 좋은 치료약이다'라고 말했다. 서두르지 않고 신중하게 나아가는 사람에게 너무 먼 길은 없다. 인내심을 갖고 준비하는 사람이 도달하기에 너무 먼 명예는 없다.
　인내는 영혼을 강하게 하고, 기분 좋게 해주고, 화를 참게 해주고, 질투를 없애고, 교만함을 억제하고, 말을 제어한다.
　모든 것에 성공한 사람과 실패한 사람 사이의 궁극적인 차이는 인내다.
　위대한 사람은 모두 무한한 인내심을 가지고 있다. 인내심을 가지고 단순한 일을 완벽하게 하는 사람만이 어려운 일을 쉽게 하는 기술을 습득할 수 있다. 끈기는 최고의 기질이며, 인내는 고결한 마음의 열정이다.

한 선비가 관직을 맡아 임지로 떠나게 되었다.
먼저 벼슬길에 오른 친구가 말했다.
"여보게, 관직에서 일하려면 무엇보다 참을 줄 알아야 하네"
"명심하겠네."
친구는 마음이 놓이지 않았는지 다시 한 번 강조했다.
"그저 참는 게 제일이라네"
"알겠네. 너무 걱정하지 말게"
그래도 마음이 놓이지 않았는지 친구가 또 당부했다.
"몇 번이라도 참아야 한다는 것을 잊지 말게."
"글쎄 알았다니까"
선비가 친구와 인사를 나누고 뒤돌아서 막 떠나려 하는데 친구가 선비의 옷자락을 붙잡으며 말했다." 이보게. 무슨 일이 있어도 참아야 해. 참는 것 이외에 다른 방법이 없다는 것을 꼭 명심하게" 이 말을 들은 선비가 버럭 화를 내면서 말했다." 자네 나를 놀리는 건가? 도대체 같은 말을 몇 번씩이나 하는 건가?" 그러자 친구는 한탄을 하듯 말했다.
"고작 네 번 말했는데 자네는 그걸 못 참고 화를 내는 군."

우리는 하루에도 몇 번씩 크고 작은 화를 내며산다. 사소한 일에 짜

증이 밀려와 견디기 힘든 경우도 있고 처음에는 그저 감정이 좋지 않았을 뿐이었는데 시간이 지날수록 더 큰 분노를 느끼기도 한다.

쓸데없는 잡념을 버리는 법을 제시하여 많은 사람들의 공감을 얻고 있는 『생각 버리기 연습』의 저자 코이케 류노스케 스님은 우리가 얼마나 분노에 휘둘리고 있는지 이러한 분노가 우리의 삶을 지배하고 행복을 방해하는지를 바로 알 필요가 있다고 말한다.

회사에서 흔히 부딪치는 인간관계에서도 마찬가지다. 처음에 상사나 동료에게 들었던 어떤 정보를 대수롭지 않게 여겼는데 시간이 지나면서 마음은 변하기 시작한다.

"아니야, 이건 나를 무시한 말투야" 라는 자기중심적 사고의 틀에 맞춰 편집하고, 그 마음이 쉽게 지워지지 않고 곱씹게 된다. 이게 인간의 마음이다.

코이게 스님은 화를 만드는 마음의 구조가 너무나 순간적이고 자기중심적이기 때문에 일련의 편집과정에서 최대한 빨리 스토리가 전개되지 못하도록 중단시켜야만 평온한 마음을 가질 수 있다고 말한다.

> 인내는 희망을 갖는 기술이다.
> 성공한 사람과 실패한 사람의 궁극적인 차이는 인내에서 온다.
> 인내는 고귀한 마음의 열정이다.
> 인내는 참고 기다리는 인생의 숭고한 가치이다. 인내의 과정에는 기다림과 땀이 있다. 인내한 사람만이 값진 성공의 열매를 따 먹을 수 있다.

11

칭찬의 리더십 - 칭찬의힘 -
칭찬에는 인간을 성장하게 하는 힘이 있다. 그것이 곧 칭찬의 마력((魔力)이다.
- 존f 케네디 -

    러시아 속담에 '친절한 말 한마디가 석 달 겨울을 따뜻하게 해 준다'는 말이 있다. 그만큼 따뜻한 말 한마디가 사람을 기분 좋게 해주는 마력(魔力)이 있다는 뜻이다.
    칭찬은 상대에 대한 신뢰와 배려에서 우러나오는 언어의 향기이다. 사람은 누구나 칭찬받기를 좋아한다. 칭찬을 받았을 때 기분이 좋아지고 새로운 용기가 난다. 하물며 늙은 노인이 나이어린 소년에게 칭찬을 들어도 기분은 좋다.
    미국의 극작가 존M.윌슨은 "사람은 본성은 칭찬하는 것에서 드러난다. 일을 잘했다고 인정해 주는 것은 동기를 부여하는 데 가장 중요한 요소이다. 그것은 보수 그 자체보다 더 중요하다"고 말했다.

옛날에 푸줏간을 하는 박 씨 성을 가진 나이 많은 백정이 있었다. 당시 백정은 천민 중에서도 최하층 계급이었다.

어느 날 양반 두 사람이 고기를 사러왔다.

첫 번째 양반이 거들먹거리며 거친 말투로 말했다.

"야, 이 백정 놈아, 고기 한 근 대령해라."

노인은 "예, 그렇지요."하며 정확히 한 근의 고기를 떼어주었다.

두 번째 양반은 정중하게 부탁했다.

"이보시게, 박 서방 고기 한 근 주시게나."

노인은 "예, 그렇지요."하고 기분 좋게 대답하면서 한 눈에 보기에도 훨씬 많은 고기를 듬뿍 잘라 주었다. 같은 한 근인데도 자기 고기보다 갑절은 더 많아보이자 첫 번째 양반이 몹시 화를 내며 따졌다.

"야, 이놈아! 같은 한 근인데, 내 건 왜 이렇게 적으냐?"

그러자 노인은 침착하게 대답했다.

"네, 그거야 손님 고기는 백정 놈이 자른 거고, 이 분 고기는 박 서방이 자른 것이니까요."

우화처럼 누가 나를 박 서방이라고 존중해 주면 나도 그에게 박 서방처럼 점잖고 품격 있게 행동한다. 그러나 백정이라고 비하하면 나도 그에게 백정 놈처럼 막 대하게 된다.

인간의 행동은 타인의 반응에 크게 영향을 받는다. 타인으로부터 존중을 받고 있다고 느낄 때, 그에 부합하는 행동을 하려고 한다.

상대를 인정해 주며 존중해 주는 가장 확실한 방법은 칭찬이다. 칭찬에는 인간을 성장하게 하는 힘이 있다.

사람은 누구나 칭찬을 하면 칭찬받을 일을 하고, 비난을 하면 비난받을 일을 한다. 칭찬은 사람 안에 잠들어 있는 잠재능력을 일깨워 주고, 자신감을 높여준다. 또한 정서적으로도 안정감을 주고 자존감과 행복감도 느끼게 만든다. 존중의 칭찬 한마디가 그 사람의 인생을 바꾸어놓는다.

칭찬은 상대방에게 상상도 하지 못할 기쁨을 준다. 돈은 순간의 기쁨을 주지만 칭찬은 평생의 기쁨을 갖게 하는 것이다.

사람은 누구나 자신의 장점을 모르고 살아간다. 상대방도 모르고 있던 부분을 찾아내어 칭찬해 보라, 그 감동은 열배로 증폭된다.

상대방이 칭찬받고 싶어 하는 것을 칭찬하라. 사람에게는 우수한 부분과 우수하다고 인정받고 싶은 부분이 있다. 우수한 부분을 칭찬하는 것 보다 우수하다고 인정받고 싶은 곳을 칭찬하는 것이 상대방이 그대에게 호의를 갖게 하는 최고의 약이다.

칭찬을 서로 주고 받으면서 어떠한 어려움 속에서도 반드시 성공한다. 활력과 의욕을 높여주어 자신감이 넘치기 때문이다. 운동선수는 응원소리에 힘을 되찾고, 사람은 칭찬을 들으며 자신감을 찾는다.

사람은 누구나 인정받고 싶은 존재이다.
칭찬은 사람 안에 잠들어 있는 잠재능력을 일깨워주고, 정서적인 안정감을 준다.
칭찬의 한 마디가 그 사람의 인생을 바꾸어 놓는다.

12

인생의 최대의 자본은 신뢰이다 - 신뢰의 리더십 -

신뢰는 믿음의 단초이다. 인생을 살아가는데 최대의 자본은 신뢰이다.   - 마하트마 간디 -

안데르센의 동화 '할아버지가 하는 일은 언제나 옳아요' 나온 줄거리다.

할머니는 남편의 절대적인 후원자였다. 할아버지가 전 재산인 말을 소로 바꾸고 다시 다른 것과 계속 밑지게 바꾸다 썩은 사과를 들고 왔는데도 "정말 잘했다"고 칭찬한다.

덕분에 할아버지는 부자와의 내기에 이겨 많은 금화를 얻는다.

무엇을 하든 할머니가 응원할 것이라는 믿음이 있었기에 할아버지의 승부수는 가능했다.

신뢰란 이렇게 누구에게든 자신감을 안겨 준다. 그러나 신뢰는 하루아침에 쌓이지 않는다. 우리는 하루에도 몇 번씩 크고 작은 약속을 한다. 그리고 그 약속을 대수롭지 않게 생각하며 반복해서 어기는 일이 많은 사람과는 불협화음은 물론 이내 다른 관계마저 틀어지게 마련이다.

약속 시간이 훨씬 지나도 반드시 약속을 지킬 것이라는 믿음이 있는 사람은 어떤 상황에도 기다림을 멈추지 않는다. 하지만 약속을 밥 먹듯이 어기는 사람을 위해서는 단 5분도 시간을 내주고 싶지 않는 것이 인지상정이다.

상대를 믿어주길 원한다면, 믿을 수 있는 경험을 제공해야 한다. 약속에 대한 믿을만한 경험이 쌓이면 그것은 굳은 신뢰가 되어 되돌아온다.

백범 김구선생이 상해 임정시절에 이봉창이라는 청년이 그를 찾아왔다.

말로만 듣던 임시정부를 찾아 백범에게 자신을 의탁한 것이다.

백범은 이봉창을 처음 대했고 그에 대해서 아는 바가 없었지만 그의 딱한 처지를 듣고 당시로서는 거금인 천원을 선뜻 주었다. 백범은 이봉창을 완전히 믿었다. 그리고 자신의 그 믿음을 행동으로 보였다.

뒷날 이봉창은 "나는 평생에 이렇게 신임을 받아보긴 처음이다, 이렇게 나를 믿어주는 사람을 위해 무슨 일이든 못 하겠는가" 라고 당시를 회고 했다.

그 후 두 사람 사이에 형성된 신의는 죽음을 넘어선 애국으로 발전했고 '신뢰의 힘은 위대하다'는 증표를 남겼다.

다음은 쌓인 시간만큼 견고해진 신뢰에 대한 예화를 소개하겠다.

왕은 자신이 가장 신뢰하는 신하에게 자신이 먹을 음식을 책임지게 한다.

그런데 어느 날 왕의 음식에 머리카락이 나왔다. 왕의 음식관리를 제대로 못한 중죄로 왕의 음식을 관리하던 신하는 한 순간 죽음을 면치 못할 위기에 처했다.

신하는 변명하지 않고 왕에게 고했다. "뼈도 자르는 칼을 가지고도 머리카락을 자르지 못했으니 죽여 주소서! 모든 것을 태우는 뽕나무 숯불을 가지고도 머리카락을 못 태웠으니 죽여 주소서!

모든 세상을 볼 수 있는 눈을 가지고도 머리카락을 보지 못했으니 죽여주소서!" 하지만 오랫동안 신하를 신뢰해온 왕은 음식을 만드는 과정을 조사하게 했다.

결국 만들어진 음식을 왕의 처소에 옮기는 신하가 머리카락을 넣었다는 것이 밝혀졌고 억울한 신하는 죽음을 면했다.

신뢰가 견고해지려면 시간이 필요하다. 오랜 신뢰 관계를 형성한 사람 사이에는 의도하지 않는 실수는 너그럽게 넘어갈 수 있다. "내가 오랫동안 봐왔는데 그래도 그 사람 믿을만한 사람이다."라는 소리를 듣기까지는 일관된 태도로 서로 믿고 일해 온 시간이 쌓였을 때 가능하다.

지금 한 가지 실수로 그 사람 전체를 판단하지 않게 하는 힘이 생기는 것이다.

그러려면 실수에 대해 변명하지 않고 그대로 인정하고 용서를 구하고 잘못을 시정하려는 진정성이 있어야 한다. 자신의 억울함을 호소하며 목숨을 구하지 않는 신하의 태도가 왕의 마음을 움직이는 것처럼. 하지만 신뢰는 긴 시간 쌓아왔어도 한 번의 치명적 실수로 관계가 깨질 수 있는 유리병과 같은 것이기도 하다.

특히 정직하지 못한 행동, 약속을 지키지 않는 행동 같은 경우가 그렇다. 그래서 신뢰관계에 금이 갈 정도의 실수를 하지 않도록 자기관리를 철저히 하며 살펴야 한다.

> 신뢰는 누구에게나 자신감을 안겨 준다.
> 그러나 신뢰는 하루 아침에 쌓이지 않는다. 상대를 믿어주길 원한다면, 믿을 수 있는 경험을 제공해야한다. 약속에 대한 믿을만한 경험이 쌓이면 그것은 굳은 신뢰가 되어 되돌아온다. 신뢰의 힘은 위대하다.

제4장
습관편

습관은 인간의 삶에서 가장 높은 판사와 같다.

그러니 반드시 좋은 습관을 기르도록 노력 하라.

좋은 습관은 사람의 사고방식 속에 존재하는 도덕 자본이다.

이 자본은 계속 늘어나면서 사람들은 일생을 살아가면서 그 이자를 얻는다.

습관은 밧줄과 같다.

날마다 한올 한올 엮다보면 결국 끊지 못하게 된다.

습관이란 사슬은 그 습관이 강력해져서 끊지 못할 정도가 되기 전까지는

너무도 약해서 느낄 수가 없다.

습관은 삶의 훌륭한 안내자다.

01

성공의 시작은 좋은 습관에서 온다. -습관의힘-

좋은 습관은 사람의 사고방식 속에 존재하는 도덕적 자본이다. 이 자본은 계속 늘어나며 사람들은 일생을 살아가면서 그 이자를 얻는다. - 러시아의 교육가 우신스키는 -

'습관은 중독이다'는 말이 있다. 사람의 행동 가운데 95%는 습관의 영향을 받고 그 습관 속에서 자질이 조금씩 길러진다. 처음에는 어색한 것도 시간이 지나면서 습관으로 굳어지고 몸에 배면 아주 자연스러워진다. 사람은 성공하기 위해서 반드시 지켜야 할 원칙이 있다.

그 원칙 가운데 하나가 좋은 습관을 갖는 것이다. 좋은 습관을 갖기 위해서는 투자를 해야 한다. 경제의 원칙에도 투자 없는 잉여가 없듯이 좋은 습관은 부단한 노력과 의지의 산물이다. 좋은 습관이 기초가 되지 않으면 그 어떤 것도 성공할 수 없다. 습관은 모자이크처럼 일상생활의 작은 부분들이 하나하나 쌓여 형성된다. 습관은 인생의 근본이 되는 기초로서 그 수준이 삶의 전체를 좌우한다.

우리는 좋은 습관을 통해서 성공적인 운명을 만들어낸 사례들을 종종 볼 수가 있다. '천재는 99%의 노력과 1%의 영감에서 만들어 진다'고 했다. 연습을 통해서 습관을 만들고 습관이 체화되면 그 자체가 곧 인생을 만들어 간다.

유명한 농구선수 이충희는 현역시절 지독한 연습벌레로 통했다. 그는 학창시절 하루에 1000개의 슛을 던졌다고 한다. 매일 그렇게 하다 보니 끝내는 눈을 감고 슛을 던져도 골인이 되었다고 한다. 골프 박세리 선수 또한 연습 왕이다. 그는 어린 시절 골프채를 잡는 날부터 연습장에 들어서면 끝날 때까지 골프채를 잡고 놓지를 않았다. 언젠가 한번은 아버지가 연습장에 데려다 주고 한밤중이 되었는데 가보았더니 그때까지 아무도 없는 빈 연습장에서 혼자서 연습을 하고 있었다고 한다. 그에게는 연습은 생활이었고 그 자체가 습관화되어 인생이 되었다.

성공한 사람들은 대부분 자신의 재능을 발견한 뒤 최고가 되기 위해 노력했다. 그 결과 사람들이 부러워하는 인물이 될 수 있었다.

흔히 '습관은 제2의 천성이다'라고 말한다.
사람은 습관을 통해서 운명을 만들어 가고 그 운명이 곧 인생이 된다.
우리에게 순수 이성비판으로 잘 알려진 칸트는 매일 새벽 6시면 일어나 산책을 나갔다. 동네 사람들은 칸트가 산책 나가는 것으로 시간을 맞추었다고 한다.

그는 산책을 통해서 사색하고 영감을 얻었다. 그런데 그가 생애 단 한 번 산책을 늦게 나간 적이 있는데 그것은 다름 아닌 루소의 '에밀'을 읽으면서 책 속에 빠져 늦었다고 한다.

사실 습관은 뇌를 효율적으로 사용하려는 본능에 따른 것이다. 미로 끝에 먹이를 두고 쥐에게 길을 찾아가게 하면 처음엔 뇌 활동이 매우 활발하다. 그러나 길 찾는 데 익숙해지면 뇌의 움직임도 줄어든다. 굳이 에너지를 낭비할 이유가 없는 것이다. 일련의 행동이 기계적인 습관으로 바뀌는 과정을 학자들은 청킹(chunking·덩이 짓기)이라고 부른다고 한다.

우리 일상 생활은 대부분 신호-반복행동-보상의 3단계를 거쳐 형성된 행동 덩어리, 즉 습관이 지배하고 있다

> 프랑스 시인 폴 발레리의 말처럼 사람들은 자신이 그런 습관에 젖어있는 줄 전혀 모르고 산다. 우리가 공기를 모르고 물고기가 물을 모르듯이 습관이란 감각을 무디게 한다.
> 좋은 습관을 기르기 위해서는 하기 싫은 작은 일을 해야 한다.
> 시냇물이 모여 강물이 되듯 습관은 성격을 형성하고 성격은 운명을 만들어간다. 성공의 시작은 좋은 습관에서 온다.

남에게 친절을 베푸는 습관 - 친절 -
친절한 말 한 마디가 석 달 겨울을 따뜻하게 해준다. - 러시아 속담 -

아리비아 속담에 '신은 남에게 친절하지 않는 자에게는 친절을 베풀지 않는다'고 했다. 친절에 감사하는 사람은 그 역시 친절한 사람이다. 게다가 친절에 감사한 마음을 품고 있는 사람은 보답할 것이다. 예의는 사람에게 강요되는 것이 아니라 사람에게 친절을 다하는 것이다. 예의는 기꺼이 하는 마음이며, 그런 마음은 친절하고자하는 사랑과 충만한 마음을 불러 일으킨다.

오직 너그러운 사람만이 진정 예의 바른 사람이다. 이런 사람은 보답을 바라지 않고 아낌없이 베푼다. 한결같이 남을 배려하는 습관은 당신에게 더 큰 행복을 가져다줄 것이다. 인내, 성실, 그리고 갈망의 능력을 실행함에 따라 세상에서 호평을 얻을 것이다. 친절은 사회를 하나로 단결시키는 최고의 연결고리다.

작은 친절이 가져온 큰 선물

날씨가 잔뜩 찌푸린 어느 날 오후, 갑자기 소나기가 내리자 길을 가던 행인들이 비를 피하려고 저마다 길가에 있는 상점으로 들어갔다.

길을 걷던 한 노부인도 비를 피해 다리를 절룩거리며 필라델피아 백화점 안으로 들어갔다.

수수한 옷차림에다 온통 비에 젖은 이 노부인에게 백화점 직원들 가운데 주위를 기울이는 사람은 아무도 없었다.

이때 젊은 청년 하나가 노부인에게 다가가 이렇게 말했다.

"부인, 제가 무얼 도와드릴까요?"

"괜찮아요, 비가 멈추면 곧 나갈 거라우"

노부인이 미소를 지으며 대답했다. 그런데 곧 노부인에게 얼굴에 불안한 기색이 묻어났다.

남의 상점에서 물건은 사지 않고 비만 피한다는 것이 염치없게 느껴진 것이다.

노부인은 천천히 백화점 안을 들러보았다. 작은 머리핀 하나 사서 비를 피한 대가를 치러야겠다고 생각했다. 노부인이 이런 생각을 하며 이리저리 둘러보고 있는데, 조금 아까 말을 건넨 청년이 다시 부인에게 다가와 친절하게 말했다.

"불편해 하지 않으셔도 돼요. 제가 문 앞에 의자 하나 가져다 놓았으니 의자에 편히 앉자 계셔요." 두 시간 정도 지나서 소나기가 그치자,

노부인은 그 청년에게 고마움을 표시하며 명함을 한 장 달라고 했다. 청년이 명함을 건네자 노부인은 그것을 받아들고 백화점을 나갔

다.

몇 개월 후, 필라델피아 백화점 사장 제임스 앞으로 한 통의 편지가 전해졌다. 편지에는 그 직원을 스코틀랜드로 보내 거액의 주문 계약을 체결하도록 할 것과, 발신자가 몸담고 있는 기업체에 물품을 공급하는 일을 그에게 일임한다는 내용이 들어 있었다.

제 발로 굴러들어온 거액의 주문에 제임스 사장은 기뻐서 어쩔 줄 몰랐다. 사장은 서둘러 그 발신자에게 연락했고, 그 서신이 어느 노부인에 의해 작성되었다는 사실을 알게 되었다. 알고 보니 그 노부인은 몇 개월 전 백화점에서 비를 피했던 사람이었고 바로 미국의 백만장자인 철강왕 카네기의 모친이었다.

편지 한 통이 회사에 가져다 준 이익을 회사 전체 총이익의 2년 치에 상당하는 것이었다.

사장은 곧 페리라는 이름의 그 젊은이를 불러 이사회에 추천했고 머지않아 페리는 스코틀랜드로 가는 비행기에 올랐다. 그는 이제 백화점의 어엿한 파트너가 되었다. 그의 나이 약관 22살이었다.

몇 년 후 페리는 성실함과 친절함으로 카네기의 오른팔이 되었고 사업 역시 크게 번창하여 미국 철강업계에서 카네기 다음으로 중요한 거물이 되었다.

선행은 위대한 행운의 마법 상자이다.

일화에서처럼 젊은이의 작은 친절이 큰 행운을 몰고 왔다. '사람은 착한 일을 하는 사람은 하늘이 이들에게 복으로써 보답해 주고 악한 일하는 사람은 하늘이 이들에게 재앙으로써 보답해 준다'고 명심보감 계선편에 나온 말이다.

물론 이 말대로 되어진다면 세상에 죄 짓고 사는 사람이 누가 있으랴마는 사람 사는 곳에서 사람 냄새가 나는 사람이 요즘 세상에 그리 흔치않다.

타인에게 친절하다가가는 오히려 웃음거리가 된다고 생각하는 사람이 의외로 많은 게 요즘 세상인심이다.

그러나 가끔 길을 가다가 길을 물었을 때 가던 길을 멈추고 자세히 안내해준 친절한 사람을 만났을 때 우리는 따뜻한 감정을 느끼게 된다. 또는 노인이 수레에 짐을 가득 싣고 비탈길을 오를 때 뒤에서 말없이 수레를 밀어주는 젊은이를 보라,
그 풍경은 보는 이를 흐뭇하게 하는 것은 모든 사람이 느끼는 인지상정일 것이다.

인간에 대한 예의를 갖춰라 - 예의 바르게 행동하는 습관 -

사람은 신의와 예의가 있기 때문에 고귀하고 나라는 신의와 의리가 있어야 강해질 수 있다
- 테니슨 -

　예절은 사람의 인격을 담는 그릇이다.
　만나는 사람이 예의가 없고 품격이 없으면 금세 싫증이 나기 마련이듯 이 세상 어느 누구도 예의 없는 사람을 좋아하는 사람은 없다.
　인사하는 것 하나를 보면 그 사람이 교양이 있는 사람인지 품위가 있는 사람인지 알 수 있다.
　용모나 옷차림이 단정한 것 하나를 보면 그 사람이 준비된 사람인지 아닌지 알 수 있다. 아침까지 술 냄새를 풀풀 풍기며 회사에 출근하는 사람, 와이셔츠 소매 끝에 묵은 때가 꾀죄죄한 채로 다니는 사람은 어떤 일을 맡겨도 깔끔하게 처리하지 못한다.
　이런 사람일수록 일이 잘못되면 뒤로 숨기 바쁘고 자신은 할 만큼

했는데 더 이상 어쩌라는 것이냐며 맹목적으로 버틴다.

이런 사람은 열정적인 사람의 힘을 빼앗는다.

성공한 사람은 자기 통제력을 갖고 있다. 그들은 즐거움을 유보하고 성공을 달성한 사람들이다. 사람들 간에 예의를 갖추어야 한다. 예의는 그 사람에게서 풍기는 인격의 향이다. 사랑도 예의라고 하는 그릇에 격식을 갖추고 나올 때 품위가 있고 존경스럽다.

사람은 대체로 끼리끼리 어울린다. 사람을 무례하게 대하면 소인배들이 모인다.

그러나 예의를 갖추어 상대를 대하면 자신보다 더 뛰어난 사람과 교제할 수 있다.

실력 이전에 먼저 예의를 갖춰라. 예의는 신의를 쌓는 미덕이다.

아무리 많이 배운 사람이라도 예의가 없으면 실망스럽고 경박하게 보인다.

상대가 준 명함 한 장을 받았을 때도 정중하게 두 손으로 받아서 한 번 보고 주머니에 넣는다.

명함을 손에 들고 꼬무락거리는 사람이 있다. 그것은 무례한 행동이다.

커피 한 잔을 마시더라도 평소에 품위 있게 마시는 연습을 하라.

후루룩 소리를 내거나 찻잔을 달그락거리는 것이 습관처럼 몸에 배어있다면 예의를 갖춰야 할 자리에서 자칫 실수하기 쉽다.

몰입하는 습관   - 몰입을 통한 가치관의 변화 -

몰입은 새로운 가치관과 창조의 원천을 캐내는 정신의 황금향이다.
몰입을 통해서 긍정적인 세계관이 형성되고 목표지향적인 사람이 될 수 있다.   - 토마스 에머슨 -

   몰입은 최고의 나를 만나는 과정이다. 몰입을 통해 이제껏 만나지 못하던 자신의 실상과 마주하고 놀람과 경이로움에 감탄한다.
   내 안에 숨겨진 또 다른 거인을 만나는 과정은 이제까지 내가 믿어 왔던 것들이 모두 진실은 아니었다는 것을 확인하게 한다.
   몰입을 통해 나의 한계를 돌파하고 나의 가능성을 확인하게 된다. 몰입은 집중에 집중을 더하여 문제와 내가 하나가 되어 거대한 흐름을 형성한다. 그러므로 〈몰입〉을 체험하게 되면 세상과 인생에 대한 새로운 가치관이 형성되게 된다.
   물론 몰입을 통해 가치관이 변한다기 보다는 몰입으로 가는 과정과 몰입의 계기로 작용했던 것들이 복합적으로 어우러져 새로운 생각의 좌표를 만든다고 볼 수 있다.

몰입을 통한 가치관의 변화를 몇 가지 살펴보자.

첫째, 목표 지향적인 사람이 된다.
어떤 일을 몰입하기 위해서는 목표가 분명해야 한다. 목표가 분명하지 않으면 생각을 집중할 수 없다. 목표는 대상을 분명하게 해 준다.
브라이언 트레이시는 그의 책에서 "목표를 설정하고 그것을 성취하기 위한 계획을 세우는 능력이 바로 '성공의 핵심 기술'"이라고 말했다

둘째, 부정적인 생각에서 벗어나 긍정적인 세계관이 형성된다.
성공학자 나폴레온 힐은 '종이에 목표를 쓰고, 그 목표를 이루는 모습을 머릿 속에 그리고, 긍정적인 태도로 그 계획을 자주 말하라'고 하였다.
상상력으로 좋은 계획이라는 씨앗을 만들고 그것을 잠재의식의 밭에 뿌린 후 신념이라는 물을 주면 새로운 창조가 이뤄진다는 것이다.
아무리 좋은 목표를 정한다 하더라도 그것을 이루는 과정에서 부정적인 생각으로 실패를 예단하거나 잘 안되면 어떡하나? 하는 걱정을 하게 된다면 몰입 속으로 들어 갈 수가 없다. 따라서 몰입이 습관으로 형성되면 웬만한 어려움이나 부정적인 생각도 긍정적으로 승화하여 지속할 수 있게 된다.

셋째, 삶을 대하는 태도가 달라진다.

"17세 때 이후 33년 동안 매일 아침 거울을 보면서 물었다.

오늘이 내 인생의 마지막 날이라면 지금 하려는 일을 할 것인가?

인생의 중요한 순간마다 곧 죽을지도 모른다는 사실을 명심하는 게 내 삶의 가장 중요한 도구가 됐다." 스티브 잡스의 스탠퍼드대 졸업식 축사 가운데 한 대목이다.

평생토록 몰입을 지속했던 잡스의 힘은 '죽음에 대한 통찰'이며, 그것을 통해 삶을 대하는 태도를 바꾼 것이라 할 수 있다.

죽음을 의식한 삶과 그렇지 않은 삶은 전혀 다른 삶이다. 죽음을 의식하게 되면 매 순간 깨어 있게 되고 본질을 볼 수 있게 된다. 또한 현재에 감사하게 된다. 살아있다는 것은 참으로 감사한 일이며 하나의 기적이다. 이러한 문제의식으로 삶을 바라본다면 보다 더 현재에 최선을 다하게 된다. 사실 유한한 인생에서 최선을 다하는 행위들은 모두가 다 공부다. 최선을 다한다는 것은 몰입으로 가고 있다는 뜻이다.

넷째, 깨달음을 추구하는 삶을 지향한다.

모두가 생각하기에 부족함이 없는 인생. 가령, 부모로부터 물려받은 충분한 유산과 건강한 몸 그리고 충분한 지식을 소유한 인생을 살았다고 해서 마지막 순간에 과연 행복할 수 있을까? 마지막 순간에 행복한 삶이란, 뒤돌아봤을 때 후회하지 않는 삶이라고 할 수 있다. 최선을 다해 오히려 죽음을 편안하게 느끼는 상태라고 할 수 있다.

몰입을 통해 최선의 삶을 살았던 사람들의 말을 종합해 보면 종교에서 얘기하는 깨달음을 추구하는 영역에 도달하였다고 볼 수 있다.

몰입은 최고의 나를 만나는 과정으로 자아실현을 극대화하는 단계라고 할 수 있다. 그리고 그 단계를 넘어서면 깨달음을 추구하는 종교의 영역과도 만날 수 있게 된다.

한 번도 몰입을 체험하지 못한다면 자신의 진정한 가치를 확인하지 못하고 살다 간 것과 같다. 내 안에 잠든 빛나는 보석을 캐낼 사람은 오직 자기 자신 뿐이다.

몰입을 실천하여 자기능력의 한계를 넘어서고 확장해 나가야 한다.

몰입은 최고의 나를 만나는 과정이다.
몰입을 통해 나의 한계를 돌파하고 나의 가능성을 확인하게 된다.
몰입은 목표지향적인 사람이 되게 만든다.

독서는 마음의 습관이다. ー독서ー

독서는 완성된 사람을 만들고, 사색은 사려 깊은 사람을 만들고, 담론은 재치 있는 사람을 만들고, 그리고 논술은 확실한 사람을 만든다.   ー 하버드대학교 도서관 ー

독서는 영혼의 마사지이다. 사람은 육신의 피로를 느낄 때 근육을 풀어주고 휴식을 취하듯이 정신도 메말라갈 때 촉촉한 단비를 뿌려줘야 한다.

독서는 청량감을 주고 신성한 아이디어를 제공해 주는 정신 행위이다.

사람은 독서를 통해서 깨달음을 얻고 삶의 지혜를 배워 나간다.

일찍이 피타고라스는 "인간이 살아가는데 가장 중요한 것이 무엇인가, 그것은 어떻게 살아갈 것인가를 가르쳐 주는 것"이라고 말했다. 이 말의 의미는 사람이 살아가는 방법이나 태도 중요하지만 어떻게 하면 지혜로운 인간으로 살아갈 수 있는가를 묻는 질문일 것이다.

  인간이 지혜롭게 산다는 것은 말처럼 쉬운 것은 아니다. 그래서 옛 성현들도 학문을 익히면서 삶의 이치를 배워 나갔고 그 속에서 지혜를 터득해 나갔다.

  〈학문의 즐거움〉을 썼던 일본의 히로나가 헤이스케 작가는 '지혜란 무엇인가'에 대해 학문을 통해서 얻어지는 마음의 여유 즉 결단력의 힘이라고 말했다. 그리고 인생에는 깊이 생각해야 하는 시기가 있고, 사고력을 키우는 것이 공부하는 목적 중의 하나라고 말했다.

  바꾸어 말하면 지혜의 깊이는 공부를 통해서만이 비로소 얻을 수 있는 것이다. 공부하지 않는 사람의 두뇌는 인간 특유의 폭넓은 사고의 훈련을 받지 않기 때문에 깊이 생각하는 힘 즉 '지혜의 깊이'가 키워지지 않는다고 했다.

  지혜는 경험에서 오는 것이 아니라 경험에 대해 명상하고 그것을 자기 것으로 흡수하는 데서 온다. 진정한 지혜는 지식의 최고의 가치가 무엇인가를 아는 것이다.

  조선 후기 실학의 대가 반계 유성원은 독서를 하면서 황홀한 기쁨에 젖었다.

  그리고 독서의 즐거움을 이렇게 남겼다.

  "밝은 창가 조용한 책상에 앉아서 가지런히 두 손 모으고 단정하게 앉아서 종일 독서를 한다. 혼신을 다해 책을 읽다가 고요히 사색에 잠긴다. 책에 적힌 성인의 말씀과 내 사색이 절묘하게 들어맞는 순간이 온다. 붓을 들어 그것을 기록한다. 이해가 안 되는 구절을 만나면 밤과 잠을 잊고서 매달린다. 그러면 언젠가 마음에 깨달음이 온다. 그때 나의 심장은 뜨겁게 고동치고 내 입술에선 흥겨운 노래가 나오고 내 손과 발은 덩실덩실 춤을 춘다."

공자 또한 배우는 즐거움을 다음과 같이 노래했다
子曰 學而時習之면 不亦說乎아, (자왈 학이시습지 불역열호)
논어의 가장 처음 문장이며 배움에 관한 것이다. 공자는 배움이 즐거운 것이며, 반복하여 되뇌는 것이 배움의 기본임을 밝히고 있다. 학문이란 남이 알아주지 않더라도 앎 자체에 즐거움을 찾아야 한다는 것이다. 남에게 인정받기 위해 배우려 한다면 이 또한 배우지 못함을 스스로 폭로하는 것이다. 이렇듯 옛 성현들은 독서를 통해서 삶의 깨달음을 얻었고 지혜를 배워나가는 정신의 힘을 얻어 나아갔다.

독서는 마음의 습관이며 자신을 사랑하는 그리움의 행위이다.
우리는 독서를 통해서 십 년 후 이십 년 후 변해가는 자신의 모습을 미루어 생각해 볼 수 있고 고요한 침잠의 세계에서 내면의 소리도 들을 수 있다. 독서는 깊이 생각하는 사유의 힘을 키워주고, 신선한 영감을 주는 정신행위이다. 우리는 독서를 통해서 우리가 모르는 세상을 나의 세계로 성찰하고 만나지도 못한 사람들의 역경에 연민을 느끼게 하는 힘을 가진다.

또한 독서는 정처 없이 살아가는 삶 속에 버팀목이 되어주고, 영혼에 안식을 제공해 주는 안내자이다. 우리는 그 안내를 통해서 내면을 발효시키고 숙성시키는 인간의 품격을 완성해 간다.

> 독서 백편이면 뜻이 절로 통한다는 말이 있다.
> 학문의 목적이 위기지학(爲己之學)에 있듯이 독서 또한 교양이나 지식을 얻는 것도 중요하지만, 독서를 통해서 삶의 진정한 가치가 무엇인가를 배워 나아가는 것이 가치 있는 일이다.

실수 속에서 성장하고 성장하면서 실수를 고친다
— 경험 —

좁은 연못에 사는 개구리가 바다를 이야기할 수 없고, 여름 한철을 사는 벌레에게 차가운 얼음을 이야기할 수 없다. — 장자(중국, 사상가, BC 4세기경) —

헨리포드는 "인생은 경험의 연속이다. 그리고 자신이 무언가를 경험하고 있다고 자각하지 못할 때조차 경험은 인간을 성장시킨다.

우리는 스스로의 자질을 발전시키고, 전진해 나가며 좌절과 슬픔을 이겨내는 법을 배워야 한다"고 말했다.

경험은 그 자체에서 지혜를 얻기보다 경험을 쌓으면서 보이는 역량을 통해 지혜를 얻게 된다. 역사를 통해서 어떤 교훈을 배울 수 있는가. 유흥과 환락은 판단을 흐리게 한다. 그러나 경험은 등 뒤에서 불빛을 비추는 손전등 역할을 한다.

물고기를 아주 잘 잡아서 주위에 부러움을 사는 어부가 있었다.

그의 솜씨는 가히 하늘이 감탄할 정도였다. 하지만 아들 셋은 아버지와 달리 고기를 잘 잡지 못했다. 그래서 그는 사람들만 만나면 사람들께 푸념을 했다.

"난 물고기를 잘 잡는데 애들은 왜 그렇게 형편없는지 모르겠어. 애들이 말귀를 알아들 때부터 고기 잡는 기술을 가르쳐 줬어. 기본적인 기술은 물론이고 그물을 잘 짜는 법. 배 모는 법. 고기들이 놀라지 않게 망에 넣는 법까지 일일이 다 가르쳤지. 그 애들이 커서는 밀물 썰물에 대해서 가르쳤고 고기들의 이동까지 안 가르쳐준 게 없어 내가 고생스럽게 얻은 경험을 하나도 빼지 않고 가르쳤는데 어째서 이 애비 발뒤꿈치만도 못한지 도통 이해가 안 가"

우연히 그 말을 들은 행인이 물었다.

"아드님들에게 직접 가르쳤습니까?"

"그래요. 내가 정말 인내심을 가지고 자세히 가르쳐 줬소이다."

"아드님들은 항상 어른을 따라다녔습니까?"

"그렇죠, 얘들이 덜 힘들도록 내가 꼭 데리고 다니면서 가르쳤습니다."

"말을 듣고 보니 어르신이 확실히 잘못하신 것 같습니다. 자식들에게 기술만 전수했지 교훈은 주지 못한 거죠. 아드님들은 시행착오를 겪은 경험도 그 속에서 뭔가를 배우는 교훈도 얻지 못했습니다. 그러니 어르신 기대한 만큼 어부가 되지 못한 겁니다." 성장이란 끊임없는 시도와 단련을 통해 이루어진 것이다.

실패의 쓰라림을 겪고 난 후에야 진정으로 성공의 희열도 맛볼 수 있다.

실패라는 시험을 통과한 후에 성숙한 인간이 되고, 실수에서 교훈을 얻은 것이 바로 성숙인 것이다. 실패라는 경험 속에서 지혜를 얻는다.

경험은 지혜의 아버지고 기억은 지혜의 어머니다
경험은 생각의 산물이고 생각은 행동의산물이다.
우리는 책에서 인간을 배울 수는 없다.
경험은 좋은 학교지만 그 수업료가 비싸다.

07

인생의 성공은 인간관계에 있다 - 인간관계의 좋은 습관 -

타인의 장점을 먼저 보는 연습은 좋은 인간관계를 맺게 하는 씨앗과 같은 것이다. - 법구경 -

사람은 더불어 살아가는 존재이다. 홀로 무인도에서 살 수는 없다. 타인과 관계를 맺고 사회를 형성하면서 살아간다. 사람 인(人)자가 두 사람이 모여서 하나의 뜻을 이루는 것만 봐도 알 수 있다.

우리는 관계의 바다 속에서 헤엄을 치면서 살아간다. 가족관계, 친구관계, 이성관계, 부부관계, 직장 내 인간관계, 그리고 사회에서 만나는 수많은 사람들 이루 헤아릴 수 없이 다양한 관계를 맺으며 인생을 살아간다.

사회학자 솔라폴의 조사에 의하면 사람은 태어나서 죽을 때 까지 평균 3,500명과 중요하게 알고 지낸다고 한다. 이 숫자는 인간관계가 끝까지 지속되지는 않더라도 일정한 기간 동안 서로 영향을 주고 받았던 사람은 모두 해당된다는 수치일 것이다.

결국 사람은 평생 3,500명 정도의 사람과 인간관계를 맺으며 살아가는데 어떤 사람을 만나서 어떤 인간관계를 맺느냐에 따라 인생과 운명이 결정된다. 따라서 좋은 사람을 만나 좋은 관계를 형성하도록 인간관계에 정성과 노력을 기울려야 한다.

법구경에 나오는 구절이다. 회자정리 거자필반(會者定離 去者必返) 사람은 만나면 반드시 헤어진다. 그러나 헤어지는 사람은 언젠가 다시 만난다는 뜻이다.

사람은 만남만 중요하게 여기지 말고 헤어지는 사람도 언젠가는 다시 만나게 된다는 뜻으로 좋은 인간관계를 맺고 살아가라는 말이다.

그러나 좋은 인간관계를 맺는 일이 결코 쉬운 일만은 아니다. 사람은 누구나 상대적이기 때문에 살아온 환경이 다르고, 문화가 다르고, 취미가 다르고, 생각 또한 다르다.

직장 내에서도 내 생각이 분명 옳다고 생각했는데 상대는 그렇지 않다고 생각하는 경우가 일상에서 비일비재하다. 이런 다양한 사람들이 다르게 살아가는 사회라는 공동체 안에서 타인과 좋은 인간관계를 맺고 살아가기 위해서는 어떤 방법이 있는 것인가?

거기에는 분명 좋은 해법이 있을 것이다.

좋은 인간관계를 위한 다섯 가지 법칙이 있어 소개 한다.

첫 번째, 노크의 법칙

마음에 문을 열려면 먼저 노크하라. 그리고 나에 대해서 알려 주라. 내가 먼저 솔직한 모습, 인간적인 모습, 망가진 모습을 보여주면 상대도 편안하게 마음의 문을 열 것이다.

두 번째, 거울의 법칙

거울은 먼저 웃지 않는다. 내가 먼저 웃어야 거울 속의 내가 웃듯이 인간관계도 내가 먼저 웃어야 한다. 좋은 관계를 만들고 싶으면 내가 먼저 다른 사람에게 관심을 갖고 공감하고 배려하라.

세 번째, 상호성의 법칙

사람은 누구나 자신을 좋아하는 사람을 좋아한다. 세상에 자기를 좋아하는 사람을 싫어하는 사람은 없다. 사람을 만날 때는 항상 호감을 갖고 대하라.

네 번째, 로맨스의 법칙

내가 하면 로맨스요. 남이 하면 불륜이라는 말이 있듯이 사람은 모두 자기 중심적으로 판단하고 평가한다. 인간관계에서 좋은 관계를 만들고 싶다면 이런 이중 잣대를 버리고 다른 사람의 실수 나 잘못에 대해서는 비난하지 말고 상대방을 그대로 인정하라.

다섯 번째, 짚신의 법칙

짚신도 짝이 있듯이 사람마다 자신에게 맞는 짝이 있기 마련이다. 인맥을 만들겠다고 싶은 사람과 억지로 친해지려고 애쓰지 마라. 인간관계가 많다보면 악연이 생기기 쉽다.

모든 사람을 친구로 만들려 생각하지 말고 나와 통하는 사람과 친해지는 것이 바람직하다. 호연을 구하고 악연을 피하는 것이 인간관계를 잘하는 비결이다.

이솝우화에 개미와 비둘기 이야기가 있다.

어느 날 마을에 홍수가나서 개미가 강물에 떠내려가고 있었다. 나무 위에서 이를 본 비둘기가 나뭇잎 하나를 주었다. 개미는 나뭇잎 때문에 목숨을 건지게 되었다.

오랜 세월이 흘러 숲속에 평화가 찾아 왔다. 그런데 사냥꾼이 나타나서 그때 비둘기를 향해 총을 겨누고 있었다. 일촉즉발의 순간 이었다. 이때 개미가 사냥꾼의 어딘가를 깨물어 비둘기가 목숨을 건진다는 내용이다.

위 우화에서처럼 세상에는 아무 보잘 것 없는 사람도 완벽한 사람도 없다. 사람은 서로 돕고 살아가게 되어있다. 인간관계의 중요성이 여기에 있다.

인생의 성공은 인간관계에 있다. 좋은 인간관계는 보석과 같다. 그 보석이 빛을 발할 때 삶은 가치가 있다

모든 빛에는 그림자가 따른다. 귀리를 심은 밭에서 밀을 추수할 수는 없다.

사람은 누구나 자기 행동의 결과를 반드시 겪는다. 악행을 저지른 자는 다이아몬드가 구슬을 부수듯이 자기 몸을 망친다. 가시나무를 심은 자는 장미를 기대해서는 안 된다.

삶은 하수도와 같다.
거기서 무엇을 얻는가는 무엇을 집어넣은 가에 달렸다.
훌륭한 인간관계는 춤과도 같다.
인간관계도 춤을 추듯 리듬을 타고, 상대를 배려하며, 상대의 스텝에 자신을 맞추어야 원활하게 잘 이루어진다.

08

평상심으로 세상을 감상하는 습관   - 성격 -

좋은 성격을 가진 사람이란 누가 보든 안 보든 간에 믿음이 가며, 정직하며, 난관에 맞서 용기 있게 대처하고, 현명하게 자기 수양을 하는 사람이다.   - 아더 S. 아담스(영국, 정치경제학자) -

    하루하루를 성실하게 살아가면 저절로 성격이 만들어진다. 성격만 봐도 믿음직스러운 사람이 있다. 그런 사람은 존재 자체만으로도 믿음을 준다.
    사람들은 다른 어떤 보증보다도 그 사람이 주는 믿음을 신뢰한다. 한 마디로 성격은 곧 신용이다. 성격은 나이가 들면서 변한다. 후천적으로 발달하거나 메마르고, 더 강해지거나 없어지기도 한다.
    사람에 따라서는 원래 성격과 정반대로 변하기도 한다. 성격은 마치 옷이 닳아 해지는 것처럼 변한다.
    바야드 테일러는 "명성은 얻는 것이고, 성격은 부여받는 것이다. 이러한 진실을 깨달아야만 비로소 인생을 안다고 말할 수 있다"고 했다.

명성은 그 사람에 대한 타인의 판단이지만, 성격은 실제로 그 사람 자체이다.

사람들의 인생관이나 세상을 보는 눈은 제각각이다. 자연히 세상에 대한 느낌도 다를 수밖에 없다.

언제나 싱글벙글 웃으며 사는 농부가 있었다.

그는 매일 아침 일어나면 하늘을 보며 "하느님, 좋은 아침입니다!"하고 인사했다. 그의 옆집에 사는 친구는 세상 근심을 혼자 떠 안고 사는 듯했다.

"하느님, 안녕하시오?"하는 그의 인사말은 정말로 하느님에게 별일 없는지 추궁하는 것 같았다. 정반대의 세계에서 살고 있는 것처럼, 한 명은 유쾌 통쾌한 모습이었고 다른 한 명은 언제나 우거지상이었다. 낙천적이고 자신 있는 모습과 비관적이고 의심덩어리의 모습이었다.

하늘이 무너져도 구멍을 찾는 성격과 문제점만 찾아내려는 성격 등 공통점이 하나도 없었다.

어느 화창한 날 아침에 낙천적인 농부가 이웃 친구에게 "햇볕이 아주 좋지?"하고 인사를 건넸다.

"그래, 하늘이 맑기는 한데 햇볕이 너무 강해서 곡식들이 다 타 죽을까 걱정스럽다."

며칠 후 시원스럽게 비가 오고 난 후 명랑한 농부가 "때마침 비가 잘 왔어. 곡식들이 물을 잘 마셨을 거야"라고 하자, 친구가 어두운 표정으로 투덜거렸다.

"비도 적당히 내려야지, 비가 또 쏟아지면 농작물이 견디지 못할 거야."

"맞는 말이긴 한데, 그렇게 걱정할 필요는 없어. 우린 홍수 보험을 들어놨잖아."

만사를 걱정하는 친구를 위해 농부가 예쁜 개 한 마리를 얻어왔다. 값비싼 독일 개는 사람들이 감탄을 금치 못할 만큼 영리했다. 농부는 친구가 분명히 좋아할 것이라 생각했다.

농부는 친구를 불러 개가 재롱을 떠는 모습을 보여주기로 했다.

"자, 막대기를 건져서 가져와!"

농부가 나무 막대기를 호수에 던지고 큰 소리로 명령했다. 개는 주인의 명령이 떨어지기 무섭게 호수로 뛰어들어 잠시 허우적대더니 막대기를 물어서 농부 앞에 갖다 놓았다.

농부는 개의 머리를 쓰다듬으며 칭찬을 해주며 친구에게 물었다.

"어때? 꽤 영리하고 용감하지?"

친구는 이맛살을 찌푸렸다.

"조마조마해서 혼났어! 물속에서 뜨다 가라앉다 하는 걸 보니 물이랑 친한 것 같지는 않네. 하마터면 빠져 죽는 줄 알았어."

인생을 대하는 태도란 마음 상태와 자세로써 인생을 어떻게 보는가를 의미한다. 태도에 따라 가치관과 인생은 달라진다.

오늘 일에 충실하라 - 오늘에 충실 하는 습관 -

절대 어제를 후회하지 말라. 인생의 오늘은, 당신에게 있다. 그리고 당신의 내일은 당신이 만드는 것이다.
- L론 허바드(미국, 작가) -

오늘 해야 할 일은 오늘 하라. 당신의 내일은 오지 않을지 모른다. 당신은 매일 아침 눈을 뜨자마자 행복하고 성공적인 날을 준비할 수 있다. 그것은 그날 해야 할 일의 순서를 계획하는 시작에 대한 마음가짐과 목표다. 과거가 어찌되었든 간에 우리는 상쾌한 출발을 준비할 수 있다. 언제나 최고로 중요한 문제는 오늘이다. 어제는 역사일 뿐이다.

우리는 우리가 할 수 있는 일이 무엇인지 알고 있다.

목표가 분명히 정해져 있진 않더라도 흐릿하게나마 방향을 가지고 있다. 또한 오늘 무엇을 해야 할 것인가도 마음 속에 대체로 정해져 있다.

오늘 할 일이 아무리 작은 일이라도 그 일에 충실하라. 신이 우리에게 명한 일이다.

현재 그대가 종사하고 있는 일이 그대 마음에 들지 않고 희망과는 다른 길이라 할지라도 그대에게 주어진 그 일을 소홀히 해서는 안 된다.

사람은 가끔 자신에게 주어진 일을 해가는 동안에 처음의 희망과는 다른 방향으로 대성하는 수도 있다.

현재의 일이 직접 그대의 희망과는 관계가 없더라도 먼 훗날 돌이켜 본다면 그것이 허사가 아니었음을 깨닫게 된다.

핸리 포드는 처음부터 자동차 사업에 성공할 포부를 갖고 자동차 공장의 직공이 된 사람은 아니었다. 자동차 공장의 직공이 되어 그 일에 흥미와 관심을 가지고 맡은 일을 열심히 하는 동안에 한 계단 한 계단 올라가서 마침내 세계 제일의 자동차 왕이 된 것이다. 목표와 방향이 뚜렷하지 못할 때라도 그날 자기가 할 일을 충실히 해나가는 사람에게는 저절로 길이 열린다.

오늘의 과제는 앞날을 기약하는 한 알의 씨앗이다 .

과거의 근심은 잊어버리고 오늘에 충실하게 살라.
미래가 무엇을 줄지는 묻지 말고 오늘이 주는 것은 모두 선물로 받아라.
그리고 오늘이 인생의 마지막 날인 듯 하루를 보내야한다.

10

A red rose blooing in the desert

에스키모의 막대 　-문화-

문화는 세상 모든 이들이 알고 있는 것 중 가장 좋은 것이다.　　- 매튜 아널드(영국, 시인, 비평가) -

인간의 능력을 발전시키는 것은 다름 아닌 문화다.

문화는 한 세대 안에서 일어나는 예술과 사랑, 생각의 집합체이다.

그리고 인간은 문화로 인해 보다 독립적이 될 수 있다. 타인의 의견을 받아들이는 태도를 보면 교양인인지 아닌지 알 수 있다. 교양 있는 사람은 자기 의견은 뒤로 미뤄두고, 상대방의 입장에서 인생과 문제를 바라본다.

지식인들은 새로운 문화를 반긴다. 즉 지적인 사람은 새로운 문화가 도래할 때 신선한 발상과 관대한 생각을 거리낌 없이 받아들이고, 그것을 즐길 줄 안다. 또한 스스로 평정심을 유지하면서 장점을 취하는 방법도 안다.

에스키모 인들은 분노가 밀려올 때면 무작정 걷는다.

분노가 풀릴 때까지 하염없이 걷다가, 마음에 평안이 찾아오면 그때 되돌아선다.

그들은 되돌아설 때 바로 그 지점에 막대를 꽂아 둔다.

살다가 또 화가 나 어쩔 줄 모르고 걷기 시작했을 때, 이전에 꽂아둔 막대를 발견한다면 요즘 사는 게 더 어려워졌다는 뜻이고, 그 막대를 볼 수 없다면 그래도 견딜 만하다는 뜻이 된다.

내 안의 나와 끝없는 얘기를 나누며 평화로움이 찾아올 때까지 가 보라.

그리고 그곳에 막대를 꽂고 돌아오라.

슬픔과 분노로 어찌할 수 없을 때 막대를 꽂는 사람은 행복하다.

위로하며 마음의 평화를 얻게 도와주는 또 다른 내가 항상 있기 때문이다.

참고 용서하는 것이 인격의 힘이다.

인간 세상의 모든 갈등은 참아내지 못하는 데에서 시작되고 용서하지 못하는 데에서 끝난다. 사람다움이란 자제력에서 드러나는 것이다.

> 문화는 감미로움과 빛에 대한 열정이다.
> 문화는 우리가 살아가는 세상의 최고 수준의 산물이며 인간의 정신 역사를 잘 이해하는 것이다.

제5장
신념 편

신념에는 마력(魔力)이 있다.
신념은 자기 확신을 통한 긍정의 힘이다.
세상의 위대함이란 땀과 눈물의 결정체이다.
신념의 소유자들은 고난과 역경의 가치를 느끼고 받아드릴 줄 아는 사람들이다.
그들은 신념의 에너지를 통해서 자신을 변화시켰고, 사회를 변화시켰다.
진정한 위대함이란 마음의 일이다.
불굴의 의지와 신념이 점화될 때 자신의 가치를 발견해 가는 위대한 성숙으로 이어진다.
역사의 위인들도 평범한 사람들이다.
단지 그들이 범인과 다르다는 것은 강한 신념의 소유자였다는 사실이다.
그 신념이 새로운 역사를 창조하고 인류에게 공헌했다.

01

절대긍정이 일궈 낸 성공신화 - 긍정의 힘 -

세상의 위대함이란 긍정의 힘이 창조해 낸 열정의 산물이다.
긍정의 힘이란 광부가 광맥을 발견하듯이 희망의 빛으로 채워진 마음의 상태이다.
긍정적인 사고가 긍정의 힘을 만든다.   - 토마스 에디슨 -

    인류의 역사는 긍정의 힘에 의해 진화되었다고 해도 과언은 아닐 것이다.

    역사의 위인들은 한결 같이 어떠한 역경이나 위기상황에 직면했을 때 내면에 잠재된 긍정의 힘을 발휘하여 역경을 이겨내고 위기를 극복하였다.

    긍정의 힘이란 마음의 보석이다.

    깊은 심연 아래 잠재되어 있다가 용기와 신념에 의해 발휘되고 발효되는 성공의 씨앗이다.

    그 씨앗이 인생을 지배했을 때 멋있는 인생을 창조해 나아갈 수 있다.

콜럼버스가 태평양을 항해할 때의 일이다.

대륙을 떠난 배가 망망대해를 항해한 지 백 일 째 되는 날. 식량은 바닥이 보이고 식수도 고갈될 위기에 처해 있었다. 선원들은 동요하기 시작했다. 누군가가 말했다.

"콜럼버스가 우리를 속였다. 우리를 죽이기 위해 바다 건너 땅이 있다고 속였다."

화가 난 선원들은 무기를 들고 선장실로 쳐들어갔다.

콜럼버스는 꽁꽁 묶인 채 선장실에서 끌려 나왔다.

바로 그때였다.

저 멀리 바다 위에 해초류가 보였다.

콜럼버스가 말했다.

"여러분! 저 바다 위에 떠있는 해초류를 보셔요. 저것은 육지가 가까이 있다는 증거입니다.

며칠만 기다려 보세요. 그래도 육지가 보이지 않으면 그때는 여러분이 나를 저 바다로 던져도 좋습니다."

범선은 바람을 타고 미지의 대륙을 향해 질주하였다.

그런 일이 있었던 이틀 후 멀리 구름 위로 신기루 같은 대륙이 모습을 드러내기 시작했다. 선원들은 얼싸안고 춤을 추었고 '야호'를 외치며 감격했다. 콜럼버스가 바다를 항해할 때만 해도 어떤 항해술이나 나침반도 없었던 시절이었다. 그는 미지의 세계에 대한 동경심과 모험심을 좋아했고 바다 건너 어딘가에는 새로운 대륙이 있을 거라고 굳게 믿었다.

그의 탐험정신이 신대륙을 발견하였고 새로운 역사를 쓰게 만들었다.

역사 속 위인의 삶의 궤적을 추적해 보면 그들은 한결같이 어떠한 역경 속에서도 흔들리지 않는 위대한 정신의 소유자 들이었다.

역사의 위인들은 한결같이 강한 신념의 소유자들이다.
그들은 자신의 꿈을 성취하기 위해 신념의 에너지를 동력으로 바꾸었고,
이를 위해 땀과 눈물을 아낌없이 희생한 자들이다

02

역경과 시련 - 성공의 씨앗 -

번영은 위대한 스승이지만 역경은 더 위대한 스승이다.
역경은 사람을 부자로 만들지는 못하지만 지혜롭게 만든다.   - 호라티우스 -

    미국 로키산맥의 해발 3,000m 고지에는 수목 한계선이란 게 있다.
    여기서 자란 나무는 차갑고 매서운 바람이 불어와 곧게 자라지 못하고 무릎을 꿇고 있는 모습을 한 채 서 있다. 생존하기 위해 처절하게 적응하며 몸부림 친 결과다.
    그런데 아이러니하게도 가장 소리 공명이 잘 되는 명품 바이올린은 바로 이와 같은 '무릎을 꿇은 나무'로 만들어진다고 한다.

    세상을 살면서 역경과 시련을 좋아하는 사람은 아무도 없을 것이다. 역경과 시련은 사람에게 육체적으로는 고통을 주고 정신적으로는 지치고 피곤하게 한다.

그러나 사람은 누구나 살아가면서 여러 가지 풍파를 견디며 살아간다. 때로는 삶에 지치서 쓰러지고 넘어질 때도 있지만 희망이라는 한 가닥 꿈이 있기에 다시 일어나 앞으로 나아간다.

우리는 주변에 수많은 역경과 시련 속에서 죽음의 밑바닥까지 추락했다가 다시 일어나 힘차게 인생을 꾸려나가는 사람들의 이야기를 듣기도 하고 목격도 한다.

사람도 '무릎을 꿇은 나무'처럼 역경과 시련을 통해서 내면이 단련되고 정신적인 성숙을 맛보게 된다. 어쩜 인간은 역경을 통해서 자신을 처음 만나게 된지도 모른다.

흔히 인생을 항해에 비유하곤 한다. 날씨가 좋고 순풍이 부는 날은 누구에게 키를 맡겨도 항해를 잘 할 수 있다. 그러나 그 반대의 경우다. 바람이 불고 격랑의 파도가 치고 폭풍우가 휘몰아칠 때 그때 항해의 기술이 나오고 선장의 진면목이 나타난다.

사람도 마찬가지다. 일이 잘 풀리고 어려움이 없을 때는 친구도 많이 찾아오고 여기 저기서 초대도 받고 귀한 대접을 받다가도 어떤 일에 실패를 하고 어렵다는 소문이 나돌면 그때부터는 그 많던 친구도 보기 힘들어지고 전화 온 자체를 싫어하는 게 세상의 인심이다.

그래서 역경은 지혜는 주지만 부(富)는 주지 않는다는 말이 있다.

사람은 역경으로 슬퍼질 수도, 현명해 질수도, 친절해 질수도 있다. 보다 인간적인 사람으로 변화 될 수도 있지만 반대로 더욱 지독한 사람으로 변할 수도 있다.

그러나 역사의 위인들은 한결같이 역경과 시련 속에서도 흔들리지 않고 자신의 일을 묵묵히 개척한 사람들이다. 그들은 실패의 가치를 분명히 아는 사람들이다. 그들은 평범한 삶을 거부했다. 어떠한 시련과 역경이 닥쳐와도 그 시련과 맞서 싸워나갔다. 약자는 장애물을 걸림돌이라고 생각하고 강자는 장애물을 디딤돌로 생각했다.

다음은 역경과 시련에 대한 예화 한 편이다.

미국에서 자기계발과 성공학의 대가로 불리는 나폴레온 힐의 할아버지는 노스캐롤라이나 주에서 마차를 만드는 사람이었다.

그는 자기 소유의 밭 중앙에 몇 그루의 상수리나무를 키워서 마차의 바퀴를 만들었다.

숲에서 나무를 잘라다 바퀴를 만들면 훨씬 편할 것이라 생각한 힐이 할아버지에게 직접 나무를 기르는 이유를 물었다.

"숲 속의 나무들은 서로 가리면서 비와 바람을 피하기 때문에 튼튼하지 않고 잘 부러진다. 하지만 밭에서 자란 상수리나무들은 기댈 곳이 없으니까 어떻게든 살아남기 위해서 버티다 보니 아주 튼튼해진단다. 상수리나무로 만든 마차 바퀴는 아주 무거운 짐을 실었을 때도 끄떡없지"

나폴레온 힐은 자서전에서 할아버지의 이 말이 인생에서 가장 큰 가르침이라고 회상했다. 고생을 하지 않는 사람은 자신의 능력을 제대로 알 수 없다.

뜨거운 불에서 무쇠가 만들어지고 역경이 강자를 탄생시키듯이, 성공을 위해 달려갈 때 역경이 성공을 도와주는 촉매제가 되기도 한다.

　매서운 추위 속에서 자란 매화와 소나무가 더욱 향기롭고 푸르듯이 구리 조각들이 용광로에 들어갔다 나오면 강철이되 듯이 빅토르 위고는 "하늘은 인간에게 고난을 내릴 때 지혜도 함께 준다"고 했다. 지혜가 있으면 고난을 두려워할 필요가 없다.

　진주조개는 고통을 참아야 아름다운 진주를 만들 수 있다. 적극적이고 긍정적인 사고방식이야말로 성공의 주춧돌이다.

> 번영과 평화는 비겁한 자를 기르고 역경은 대담한 자를 낳는다는 말이 있다.
> 위인들의 삶처럼 고난을 견뎌내고 이겨낸 사람은 성공을 맛볼 수 있다.
> 하지만 고난을 외면한 사람은 결코 성공할 수가 없다. 사람은 누구나 성공을 원한다. 고난을 원하는 사람은 아무도 없다. 그러나 우리는 고난을 존중해야한다. 인재는 어려운 환경 속에서 만들어 진다. 사람은 역경을 통해서 위대해지기 때문이다.

 03

맨손가락으로 나무에 구멍을 뚫어라
- 신념의 위대한 힘 -

길이 없으면 길을 만들어 가라 역사는 위대한 신념의 소유자가 만들어 놓은 길이다   - 프로스트 -

    교보생명과 교보문고 신창재 회장은 직원들에게 "맨손가락으로 나무에 구멍을 뚫어라" 그런 정신이 없으면 절대로 성공할 수 없다고 말했다.

    이 말에는 불모지를 개척하는 강인한 실천력이 몸에 배어 있다. 길이 없으면 길을 만들어가라는 것이다. 그는 남들과 똑같이 자고, 똑같이 일하고, 똑같이 놀면서 성공할 수는 없다고 했다.

    남들과 똑같이 살면 평균적인 삶을 살 뿐이라는 것이다.

    성공은 외로운 시간에 이루어진다. 성공하려면 외로움이라는 대가를 지불해야한다.

    능력은 외로움을 견디는 힘이다. 외로운 시간에 우리가 선택할 수 있는 방법은 강해지는 것뿐이다. 절박함이 있어야 한다. 견딜 수 없는 목마름이 있어야 한다. 타들어가는 갈증이 있을 때 능동적인 행동이 나오듯이 사람은 절박했을 때 강인한 힘이 솟구친다.

동물 중에 늑대는 잔인하기로 유명하다. 한 번 공격 목표가 정해지면 결코 포기하지 않는다. 입에 문 것은 이빨이 부러져도 놓지 않는다. 이런 늑대에게도 사냥의 성공률은 20분의 1 정도라고 한다. 하루에 20번 정도 사냥에 나서면 열아홉 번은 실패하는 것이다.

그래도 늑대는 쉬지 않고 끊임없이 먹이를 찾는다.

자신의 목표에 악착같이 달라 붙어야만 성공이라는 달콤한 열매를 얻을 수 있다. 되면 좋고 안 되면 말고 식의 태도로는 이루어지는 게 없다. 성공하지 못하는 것은 머리가 나빠서가 아니라 무서운 집념이 없기 때문이다.

대우 종합기계품질명장 김규환씨는 "지금하고 있는 일에 최선을 다하는 자는 영화를 얻는다. 목숨 걸고 노력하면 안 되는 것이 없습니다. 목숨을 거십시오. 그러면 성공합니다."

그는 초등학교도 제대로 나올 수 없는 불우한 환경에서 태어나 대우 사환에서부터 시작하여 초정밀 분야 제1인자로 등극하기까지 드라마 같은 그의 삶은 인생역전이었다.

그는 오로지 할 수 있다는 마음 즉 '긍정의 힘'을 믿고 성공신화를 쓴 사람이다.

그는 제20대 국회에서 새누리당 국회의원으로 당선된 입지전적인 인물이다.

요즘 젊은이들은 모든 일을 쉽게 결정하고 쉽게 포기해 버리는 냄비 근성이 있다.

그것은 그들의 정신세계가 그만큼 약하다는 증거이고 또한 힘들고 어려운 일은 하지 않으려는 무기력한 정신상태 때문이다.

그들에게 진정으로 필요한 것은 도전과 극기 그리고 어떤 역경에 봉착해도 포기하지 않는 하이에나 근성이 성공을 일궈 내는 절대적인 정신이다.

긍정의 힘이란 광부가 광맥을 발견하듯 희망의 빛으로 채워져 있는 마음 상태이다.

긍정적 사고가 긍정의 힘을 만든다. 우리 속담에 "마음에 품지 않는 복(福)은 절대로 현실로 나타나지 않는다"는 말이 있다.

우리의 마음은 하나의 주인을 섬기고 있다.

예를 들어 슬픈 생각이 들면 슬픈 생각이 주인이고, 기쁜 생각이 찾아오면 기쁜 생각이 주인이 된다. 우리는 긍정의 힘이 마음의 주인이 되도록 노력해야 한다.

> 진정한 위대함이란 마음의 일이다. 불굴의 의지와 신념이 점화될 때 자신의 가치를 발견해 가는 위대한 성숙으로 이어진다. 역사의 위인들도 평범한 사람들이다. 단지 그들이 범인과 다르다는 것은 강한 신념의 소유자였다는 사실이다. 그 신념이 새로운 역사를 창조하고 인류에게 공헌했다.

04

가장 중요한 것이 무엇인지 깨닫고 행동으로 옮기자
- 행동 -

말은 그 사람의 지혜를 보여주지만, 행동은 그 사람의 가치를 보여 준다.
- 벤자민 프랭클린(미국, 정치가, 저술가) -

괴테는 "행동만이 위대한 것이며, 행동에 뒤따르는 영광은 행동 그 자체보다 못하다"고 했다. 이 세상은 현실을 알고 끊임없이 생각하고 행동하는 자들의 것이다.

꿈꾸는 것 자체로도 좋지만, 꿈도 꾸고 일도 하는 것이 더 좋다. 신뢰는 강하지만 신뢰를 수반하는 행동은 더욱 강하다. 무언가에 대한 열망은 좋은 것이다. 그러나 일에 대한 열망은 무엇에도 비길 수 없다.

인간의 유일한 자산은 행동이다. 아무리 사악한 것이라도 그저 생각에만 그치면 아무에게도 해를 끼치지 않으며, 선량한 생각을 하더라도 행동이 뒤따르지 않으면 이득이 없다. 인간은 실수로 재산을 잃을 수도 있고, 악의적인 평판으로 명예가 실추될 수도 있다. 고난을 겪으며 영혼이 타락하거나 질병때문에 건강을 잃고, 친구의 죽음을 받아들일 때도 있다. 인간이 죽은 뒤에도 행동 그를 따라 다닌다. 때문에 죽은 뒤에 아무것도 남지 않는다고 단언할 수는 없다.

칸트는 "인생은 즉흥적인 행동으로 능력을 드러내고, 스스로 자신의 힘을 인지하는 것이다"라고 말했다.

한 신사가 고향에 계신 어머님께 꽃을 보내기 위해 꽃가게 앞에 차를 세웠다.

가게로 들어가는 신사의 눈에 울고 있는 어린 여자 아이의 모습이 들어왔다. 왜 울고 있냐는 질문에 소녀는 "장미꽃 한 송이를 사서 엄마한테 선물하고 싶은데 돈이 부족해요"라고 말했다. 소녀의 말에 신사는 안쓰러운 마음이 들었다. 소녀와 함께 가게로 들어간 신사는 어머니에게 보낼 꽃을 주문한 뒤 장미 한 송이를 사서 소녀에게 주었다. 가게에서 나온 신사는 소녀에게 집까지 데려다 주겠다고 했다.

"정말로 저를 집에 데려다 주실 거예요?"
"물론이지!"
"그럼 저를 엄마가 계신 곳으로 데려다 주세요. 그런데 아저씨. 엄마가 있는 곳이 굉장히 멀어요."
"그런 줄 알았으면 데려다 준다고 안 했을 텐데"

신사는 농담을 했다.

신사는 소녀가 가리키는 방향으로 차를 몰았다. 시내의 큰길을 벗어나고 뱀처럼 구불구불한 산길을 한참 달리다가 도착한 곳은 공동묘지였다.

소녀는 만든 지 얼마 안 되는 묘지 앞에 꽃을 놓았다. 소녀의 어머니는 한 달 전에 세상을 떠났다고 했다. 신사는 소녀를 집까지 데려다 준 뒤 다시 꽃가게로 왔다.

그는 배달을 취소하고 꽃을 한 다발 산 뒤 5시간 거리인 어머니 집으로 차를 몰고 가 직접 꽃을 드렸다.

> 대부분의 사람들은 장미 한 송이를 살 여유가 없는 소녀보다 돈이 많지만 핑계 같지 않는 핑계를 만들어 가족에게 꽃을 선물하는 시간조차 아끼려 한다.
> 지금은 못해도 시간과 기회가 생기면 많은 일을 할 수 있을 것 같지만 막상 실천에 옮기려할 때는 너무 늦었음을 깨닫게 된다. 그리고 남는 것은 회한과 유감뿐이다.

고난 속에서 피는 꽃 - 역경과 시련 -

올바른 것은 찾기 전에 한참을 기다려야 할지라도, 설사 몇 번의 시도를 해야 할지라도, 용기만은 잃지 마라 실망을 맞아들일 준비는 하되, 원하는 것을 포기 하지마라. - 슈바이처 -

해리포터를 쓴 작가 조앤 K. 롤링은 1965년 영국 웨일스의 시골에서 태어나 액세터대학교 불문학과를 졸업했다.

포르투갈에서 영어 강사로 일하다 결혼했으나 곧 헤어지고, 생후 4개월 된 딸과 함께 에든버러에 초라한 방 한 칸을 얻어 정착했다. 배고파서 칭얼대는 어린 아기에게 우유 하나 사줄 돈이 없어 물병을 입에 물리고 울어야 했던 여자였다.

사회보장국에서 지원해주는 생활보조금 70파운드로 차디찬 마룻바닥에서 춥고 배고프게 살아야 했다. 온종일 갈 곳도 없이 어린 아이를 유모차에 태우고 거리를 하염없이 거닐었던 가련한 여자였다.

어느 날 번뜩 이런 생각이 들었다. 이렇게 내 인생을 끝낼 수는 없지 않은가?

하고 싶은 일이 있었다. 소녀 시절 가슴에 품고 있었던 불씨가 살아나는 순간이었다. 글을 써보고 싶었다. 글을 쓰는 것이 어릴 적부터의 꿈이었다.

그녀는 런던 뒷골목 허름한 낡은 카페 니콜슨의 구석에 앉아 글을 쓰기 시작했다. 한 손으로 유모차를 흔들어 주면서 미친 듯이 글을 써 내려갔다. 8만 단어에 이르는 방대한 원고를 복사할 비용이 없어 스스로 구식 타자기로 타이핑을 하면서 글을 썼다.

《해리포터 시리즈》는 이렇게 탄생되었다. 출간 즉시 베스트셀러가 된 이 책은 '세계 최우수 아동도서'로 선정되었고 '스마티스상' 등 각종 상을 휩쓸었다.

해리포터 시리즈는 현재까지 55개국 언어로 번역되어 2억 부 이상 팔리는 등 출판 사상 유래 없는 대성공을 거두었다.

사람의 일이란 얼마든지 상황이 달라질 수 있음을 믿어야 한다. 때로는 오도 가도 못 할 사방으로 둘러싸여 고통을 당할 때가 있다. 아무리 참고 인내해도 길이 보이지 않을 때가 있다. 고단한 세상을 살다보면 주저앉아 버리고 싶을 때가 있지 않은가? 실패할 때가 있다. 그러나 그것이 끝은 아니다. 단지 힘이 들고 지쳐있을 뿐이다. 실패자는 아니다. 단지 그 일에 실패했을 뿐이다.

그래서? 그게 뭐 어쨌다고?

힘은 뼈와 근육에서 나오는 것이 아니라, 불굴의 의지에서 나온다.   - 간디(Mahatme Gandhi) -

    흑인 빈민가에서 아버지도 모르는 미혼모의 딸로 태어난 불쌍한 흑인 소녀가 있었다. 소녀는 겨우 아홉 살 때 삼촌에게 성폭행 당해 몸과 마음이 상처투성이였다. 열네 살에는 가출하여 임신을 했고, 20대에는 마약에 빠져 지냈다.
    그녀는 어느 날 '내 인생도 바뀔 수 있다'는 생각을 갖기 시작했다.
    지난 부끄러운 과거가 그녀를 괴롭힐 때마다 그녀는 자신에게 단호하고 냉정하게 말했다.
    "그래서? 그게 뭐 어쨌다고?"
    지난 과거가 내 인생을 불행하게 해서는 안 되겠다는 생각을 한다.
    결코 지난 날의 실패에 갇혀 괴로워하지 않겠다는 결심도 한다.
    '내 인생은 바뀔 수 있다.' '내 인생은 다시 시작할 수 있다.'

이런 믿음으로 희망을 갖기 시작했다. 그녀는 좌절감과 열등감에 사로잡힐 때마다 교회에 나가서 기도를 드렸다.

그리고 고난을 극복하는 흑인 여성들의 강인한 삶을 다룬 소설을 읽으면서 자신을 이겨낼 의지를 길렀다. 그리고 방송국에서 일하는 꿈을 키워나갔다.

그녀는 흑인이었다. 사생아였다. 가난했다. 뚱뚱했다 미혼모였다. 그녀가 방송국에서 꿈을 펼치기란 어쩌면 불가능한 일이었는지도 모른다.

그러나 그녀는 최초의 흑인 앵커이자, 보그지의 패션 모델이 되었고, '오프라 윈프리 쇼'로 존경과 사랑을 받는, 이 시대 진정한 커리어 우먼이 되었다.

이 여자가 바로 오늘날 전 세계에 1억 4000만 명의 시청자를 확보하고 있는 오프라 윈프리이다. "그래서? 그게 뭐 어쨌다고?" 한 여인이 어렸을 적부터 되뇌였을 이 말은 이제 그녀를 아끼는 저 세계 시청자들이 그녀의 과거에 대해 읊조리는 말이 되었다

> 세상의 위대함이란 땀과 눈물의 결정체이다.
> 수 백 번 쓰러져도 다시 일어는 오뚜기처럼 절대로 포기하지 않고 걷는 자만이 앞으로 전진 할 수 있다.
> 신은 최선의 최선을 다하는 사람에게 행운이라는 멋진 선물을 준다.

인간이 할 수 있는 가장 위대한 일 -용서힘-

다른 사람은 용서하되, 자신은 용서하지마라 - 오소니우스 - .

어느 목사님께서 설교 시간에 "용서 하십시오, 용서하는 것만이 최고의 사랑입니다."라고 신도들께 말했지만 정작 자신은 용서에 대한 앙금이 사라지지 않았다는 솔직한 고백이 담긴 에세이를 읽은 적이 있다.

사실 용서란 누구나 쉽게 말은 할 수는 있지만 정작 마음과 행동으로 옮기기는 쉽지가 않은 것 같다.

티벳의 정신적 지도자 달라이라마는 '용서는 자기 자신에게 베푸는 가장 큰 선물이다'라고 말했다. 용서는 상처를 준 사람을 향한 미움과 원망에서 스스로 해방시키는 일이기 때문이다. 하지만 용서를 못하면 정작 용서를 받아야 할 사람보다 더 큰 고통에 빠진다는 것을 알면서도 용서는 결코 쉽지가 않다.

그 때문에 평생 잊지 못하고 10년이나 20년, 심지어는 50년 전 일도 마치 어제 일처럼 떠올리며 가슴앓이를 하는 사람도 많다. 문제는 이렇게 증오심을 안고 살아 간다면 결국 건강마저 해치게 된다는 것이다. 연구조사에 따르면, 용서하는 사람은 용서하지 않는 사람에 비해 혈압도 낮고 스트레스도 덜하며 더 건강한 삶을 살아가지만, 용서를 못하는 사람은 심혈관질환이나 암에 걸릴 위험이 더 높다고 한다.

다음은 고전 레미제라블에 있는 내용이다.
고전 레미제라블의 주인공 장발장은 정원사였다.
어느 해 겨울, 일자리를 잃었다. 배고픔에 시달리는 조카들을 외면할 수 없었던 그는 가게에서 빵 하나를 훔치다가 경찰서에 잡혀서 5년 형을 받았다.
이후 장발장은 네 번이나 탈옥을 시도해서 결국 19년 동안이나 감옥살이를 했다.
중년이 되어 출소한 장발장은 사람들의 멸시를 받았다. 차가운 바람이 매섭게 몰아치던 어느 늦은 밤, 갈 곳이 없었던 장발장은 배가 고파서 길가에 쓰러졌다.

그를 발견한 미리엘 주교는 장발장을 가족과 똑같이 대접하고 맛있는 음식을 대접했다.

하지만 장발장은 주교의 방 안에 있는 은식기를 훔쳐 달아나다가 경찰에 잡히고 말았다.

경찰의 연락을 받고 온 주교는 이렇게 말했다.

"이것은 모두 제가 그에게 선물한 것입니다."

그는 은촛대를 주며 "이것은 왜 두고 갔니? 자네의 영혼이 굴레를 벗고 성실한 사람이 되기를 바라네." 라고 말했다.

주교의 용서는 장발장을 크게 감동시켰고 그는 좋은 사람이 되기로 결심했다.

이후 그는 사업에 성공해서 큰 부를 쌓으며 빈민에 관심을 갖고 각종 자선 사업을 벌였다. 장발장의 성공은 미리엘 주교의 용서에서부터 시작되었다.

주교의 용서는 장발장의 과거의 어두운 굴레를 벗고 그의 인생 항로를 바꾸게 했다.

다른 사람의 잘못이나 실수를 용서했을 때 두 사람 사이에는 무엇보다도 단단한 신뢰가 싹틀 것이다.

당신의 용서 덕분에 타인이 새롭게 살아갈 기회를 얻었다면 그처럼 감격스러운 일이 어디 있겠는가?

세계적인 리더십 컨설턴트이자 강연자인 폴 마이어는 『용서의 심리학』에서 '용서란 무엇인가'부터 '왜 용서를 못하는지' 용서에 관한 모든 이야기를 체계 있게 정리해 놓은 글이 있어서 옮겨보았다.

그는 "인생을 살아가려면 용서가 무엇인지 정확하게 알아야한다. 용서가 무엇인지 모르면 우리가 필요로 하는 답을 찾을 수가 없기 때문이다. 아울러 용서를 베푸는 방법도 용서의 정의에 달려있다. 용서가 면죄를 의미하는 경우에는 죄를 사면한 것이 곧 용서다.

이 경우 죄를 사면할 생각이 없으면 용서를 베풀 수 없다. 또 용서가 상처를 잊는 것을 의미하는 것이라면 그것이 곧 용서다. 이때 상처를 잊지 않으면 가해자를 용서할 수 없다." 라고 말했다.

사막을 여행하던 두 친구가 하는 말이다.
"누군가 우리를 괴롭혔을 때는 모래에 그 사실을 적어야해. 그래야 용서의 바람이 불어와 지워버릴 수 있으니까. 그리고 누군가가 우리에게 좋은 일을 했을 때는 그 사실을 돌에 색여야 해. 그래야 바람이 불어와도 지워지지 않을 테니까?"

타인에 대한 이해와 배려, 포용할 수 있는 마음 자세가 바로 관용이다. 관용은 타인에 대한 존중이다. 관용이 칼집이라면 용서는 칼날이다

> 용서는 자기 자신에게 베푸는 가장 큰 선물이다.
> 섹스피어는 "당신의 적을 미워하여 분노의 불꽃을 피우지 마라.
> 그 불꽃이 당신을 태우게 된다."라고 말했다. 평범한 사람들이 원수까지 사랑할 수는 없지만, 심신의 건강을 위해서라도 관용과 용서가 필요하다.

 **08**

세상에 지지마라 　-자신감의 힘-

남을 이기는 자는 강하다. 그러나 자기 자신을 이기는 자는 전능하다. 　- 노자 -

　자신감은 성공 인생을 준비하는 마음의 주춧돌이다. 역경과 시련에 직면했을 때 무너지지 않게 바로 세울 수 있고, 견뎌 내고 이겨내는 힘이다.

　그 힘을 통해서 사람은 성숙한 인격체를 만들 수 있고 훌륭한 사람으로 거듭나게 된다.

　자신감은 자신을 사랑하는 사람만이 가질 수 있는 신념의 화신(化身)이다. 자신을 믿고 신뢰할 때 생기는 마음의 자세이다.

　그 마음의 자세가 확고할 때 신념이 생기고 그 신념이 곧 자신감을 만든다. 자신감을 갖기까지는 인내와 노력 끈기가 없이는 결코 가질 수 없는 인생 최고의 자산이다.

미국의 작가가 에머슨은 '자신감은 성공의 비결이다'라고 말했다.

사람은 누구나 뛰어난 존재이다. 다만 자신을 어떻게 인식하고 어떻게 능력을 발휘하여 자신을 쓰임새 있게 만드느냐의 차이가 있을 뿐이다. 자신을 보석이라고 생각하면 보석이 된다.

동서고금을 막론하고 사람들의 실패의 원인을 살펴보면 대부분 그가 무능했기 때문이 아니라 자신감이 부족했기 때문임을 알 수 있다.

사람들은 일을 하기도 전에 안 될 것이라고 생각하기 때문에 '가능'을 '불가능'으로 바꾼다. 또한 자주 놀라고 당황하며 말과 행동이 거칠고 부자연스러운 것이 특징이다.

반면에 자신감이 넘치는 사람은 언제나 안정적이며 부드럽고 자연스러운 언행을 구사한다. 자신감의 부족은 지능과 재능이 발휘되는 능력을 막는다.

반드시 자신의 능력을 믿어야한다.

자신감이 적으면 작은 성공을 거둘 것이고, 자신감이 크면 큰 성공을 거둘 것이다.

옛날에 명망이 있는 대가가 노년에 접어들어 가장 뛰어난 제자를 찾고자 했다.

그는 평소 눈여겨 보았던 제자를 불러 말했다.

내가 초가 다 타고 얼마 남지 않아 다른 초를 찾아 불씨를 옮겨야할 것 같구나 내 말 뜻을 이해하겠느냐?

제자가 말했다. "네 스승님의 빛나는 사상을 잘 이어갈 훌륭한 전수

자가 필요하시다는 말씀이 아니십니까?"

"다만...."

대가는 느릿느릿 말을 이어갔다.

"지혜뿐만이 아니라 확실한 신념과 남다른 용기를 지닌 사람이어야 할 텐데... 여태껏 이런 적임자를 본 적이 없구나."

"걱정 마십시오."

제자는 재빨리 스승을 안심시키며 최선을 다해 적임자를 찾아오겠노라고 말했다.

그 후 반년의 시간이 흐르고 대가는 병으로 몸져 눕게 되었다.

세상과 이별할 날이 멀지 않는 상태였지만 그의 뒤를 이를 최고의 적임자는 아직 찾지 못한 상태였다. 제자는 매우 송구스러워하며 스승에게 말했다.

"실망 시켜드려 죄송합니다."

그러자 대가는 초연히 눈을 감으며 말했다.

"휴, 내가 실망한 것은 사실이지만 정작 네가 미안해야할 사람은 내가 아니라 너 자신이다."그는 한참 동안 말을 멈췄다가 겨우 말을 이었다. "원래 가장 훌륭한 적임자는 바로 너였다. 네가 너 자신을 믿으러 하지 않았을 뿐...."

말을 채 끝마치지 못하고 대가는 그렇게 세상을 떠났고, 제자는 이를 뼈저리게 후회하며 이후 반평생을 자책 속에 보냈다.

이야기 속의 제자처럼 자신은 그 일을 할 수 없다고 단념하거나 포기해버리면 세상의 어떤 일도 할 수가 없다. 세상의 일이란 할 수 있다고 믿고 확신한 사람에게 기회가 온다.

옛날 말에 '믿저 봐야 본전이다'라는 말이 있다. 일이 잘 안되도 손해 볼 일이 없다는 뜻이다. 어떠한 경우에도 자포자기는 금물이다. 더 이상 구제할 수 있는 길이 열리지 않는다.

어려움에 처하고 궁지에 몰렸을 때 대부분의 사람은 '이 일은 안 돼, 괜히 하게 되면 손해만 보는 거야, 내 능력으로는 어려워, 자신을 위로 하면서 슬그머니 물러서는 게 보통 사람의 심리다. 사람은 누구나 일을 쉽고 편하게 하려고 하는 게 인간의 속성이다.

그러나 역사의 위인들의 삶의 궤적을 살펴 보면 그들은 한결같이 역경과 시련을 이겨내고 모진 풍파를 견뎌낸 사람들이다.

그들은 장애물이 올 때마다 그 장애물을 새로운 도전의 기회로 삼았고 해 낼 수 있다는 자신감으로 무장했다.

약자는 장애물을 걸림돌로 생각하고 강자는 장애물을 디딤돌로 삼았다. 영웅이란 '해낼 수 있다'고 믿는 사람들이다.

미국의 정치가 콘돌리자 라이스가 바로 그 좋은 예이다.

미국에 인종 차별 정책이 성행했던 1970년대, 버밍햄에 살던 흑인 소녀는 부모를 따라 워싱턴 백악관에 견학을 갔다가 피부색 때문에 문전박대를 당했다.

이 일은 그녀에게 마음의 상처를 안김과 동시에 그녀가 흑인의 사회적 위치를 깨닫는 계기가 되었다. 일부 사람들의 눈에 흑인은 열등하고 보잘 것 없는 존재였고, 흑인으로서 삶이란 불평등과 굴욕과 공포의 연속임을 알게 된 것이다. 하지만 그녀는 현실에 무릎을 꿇지 않았다. 그녀는 차분히 아버지에게 말했다.

"지금은 피부색 때문에 백악관에 들어갈 수 없지만, 언젠가는 저곳에 제가 있을 거예요. 저는 제가 그만큼 뛰어나다고 믿으니까요."

지혜롭고 진보적이며 용감한 부모는 딸아이의 원대한 포부를 응원했다.

그는 부모의 교육을 통해 모든 사람은 평등하며 그 누구도 인종이 다르다는 이유로 멸시나 편애를 당해서는 안 된다는 사실, 자기 자신을 규정하는 것은 피부색이나 성별이 아닌 자신의 노력이라는 점 그리고 행복은 스스로 만들어 가는 것임을 깨달았다.

'백인을 뛰어 넘겠다'는 목표를 실현하기 위해 그녀는 수 십 년을 하루처럼 보냈고 그렇게 다른 사람보다 몇 배의 노력을 쏟아 부어 열심히 지식을 쌓는 결과 남부럽지 않은 인재로 성장하였다. 그녀는 26세 때 이미 스탠퍼드대학교 강사로 교단에 섰고 1993년 스탠퍼드대학교 역사상 최연소이자 최초로 흑인 교무주임이 되었다. 물론 그녀는 여기서 멈추지 않았다. 2000년 미국 대선 때 부시의 책사로 그를 도왔고 결국 미국 국무장관에 임명되어 백악관 입성에 성공했다. 미국 역사상 두 번째 여성 국무장관이자 해당 직위를 담당한 첫 흑인 여성이었다.

콘돌리자 라이스는 인종 차별에 굴하지 않고 용감하게 자신을 시험했고 넘치는 투지와 결국 훌륭한 자아를 실현했다. 만약 그녀가 자신의 출신을 짐으로 여기고 자신을 그저 평범한 사람으로 치부했다면 그래서 자신의 다재다능함이 제대로 빛을 보지 못했다면 과연 그녀가 권력의 최고봉에 설 수 있었을까?

그 답은 모두가 알고 있으리라.

"지금은 피부색 때문에 백악관에 들어갈 수 없지만 언젠가는 저 곳에 제가 있을 거예요. 저는 제가 그만큼 뛰어나다고 믿으니까요." 라이스가 인종차별에 굴하지 않고 이런 말을 할 수 있었던 것은 그녀가 자신감을 가진 사람이었기 때문이다.

또한 훗날 미국 국무장관으로 백악관에 입성해 전 세계가 주목하는 유능한 여성이 될 수 있었던 것은 자신감을 기반으로 하는 끊임없이 노력해 자신감이 가진 힘에 생명을 불어넣었기 때문이리라. 자신을 믿어라 그리고 아낌없이 노력하라 그러면 아무리 보잘 것 없는 존재도 위대해질 수 있다.

> 자신감은 성공으로 가는 지름길이며 그 열쇠이다.
> 내가 다른 사람에게 어떤 존재인지보다는 나 자신에게 어떤 존재인지가 더 중요하다.
> 자신의 내면에서 군림하고 자신의 열정과 욕망, 두려움을 지배하는 자는 왕보다 위대하다.

위대한 희망은 위대한 인물을 만든다. - 희망 -

희망은 두려움 속에서 서서히 나타날 때 가장 밝은 빛이 난다. 그리고 희망은 우리에게 말한다. 내일은 오늘 보다 나을 것이라고…… - 토머스 풀러(영국, 성직자, 작가) -

　희망은 영혼 위에 걸터 앉은 한 마리의 새다. 인간은 희망을 기반으로 산다. 인간은 아무 것도 가진 것이 없지만, 희망이 있다. 이 세상은 단연코 희망의 공간이다.
　희망은 힘찬 신념이요, 충고와 수행의 빛과 온기를 준다. 일할 수 있는 의지와 감정을 주고, 최선을 다할 수 있도록 격려한다. 또 끊임없이 활동하고 확신함으로써 어려움을 몰아내고 불가능을 무너뜨린다.
　희망은 최고의 재산이다. 희망이 없는 사람을 제외하고 철저하게 불행한 사람은 없으며, 그만큼 천하게 몰락한 사람도 거의 없다.

인생의 '놓칠 뻔한' 순간들

구리 매장량이 세계 최대인 구리광산은 금을 찾아다니면서 인생의 대부분을 보낸 광부의 손에 발견되었다. 그의 충직한 노새는 광산 장비를 포함해서 모든 걸 운반해 주었는데, 그만 다람쥐 굴로 발을 헛디뎠다가 다리가 부러졌다.

광부는 노새의 고통을 덜어 주려고 어쩔 수 없이 노새를 사살했다. 하지만 그 굴에서 풍부한 구리 원석을 발견했다.

'삶'이라는 한 글자 속에는 말로 못할 숱한 사연들이 담겨 있다. 웃어야 할 시간에 울고, 성공해야 할 때 실패가 있다. 행복해야 할 시간에 불행하고, 즐거워해야 할 시간에 슬픔이 몰려온다.

해리 트루먼이 방물장사를 하다 실패했을 때, 장래에 미국의 대통령이 될 거라는 말을 들었더라면 그는 십중팔구 크게 놀랐을 것이다.

누구나 "그건 불가능합니다."라는 말을 해봤거나 들어보았을 것이다. 그럴 때마다 "다시 한 번" "될 때까지"를 외치면서 마지막 순간까지 포기하지 않는 사람이 리더이다.

부정적인 말을 입에 달고 살면서 큰 일을 성취한 사람은 없다. 또한 입증된 분야에서 입증된 아이디어를 가지고 크게 성공한 사람도 없다. 새로운 산업을 창조해 내고, 새로운 제품을 발명하고, 좋은 기업을 넘어 위대한 기업을 만든 사람은 남들이 가지 않는 길을 선택한 사람이다.

일반적인 상식을 거부하고 평범한 사람들의 기대와 다르게 행동한다는 것은 결코 쉬운 일이 아니다.

그러나 인생이란 '놓칠 뻔한' 순간들의 연속이다. 미래에 대한 책임을 받아들이고, 그 기회를 붙잡아라. 다른 사람들이 보지 못하는 것을 먼저 깨닫고, 누가 뭐라고 하든 그 비전을 추구하는 사람은 행운을 기대하지 않는다. 그 어떤 위대한 업적도 행운으로 우연히 이루어지는 것은 없다.

담대해야 한다. 비난과 배신에도 흔들리지 마라. 소리에 놀라지 않는 사자처럼, 그물에 걸리지 않는 바람처럼, 진흙에 더럽히지 않는 연꽃처럼 무소의 뿔처럼 혼자서 가야 한다.

> 희망이 무엇이냐에 따라 현재의 삶이 정해진다. 좋은 일이 생길 것이라고 믿어야 그렇게 되듯이 희망을 그리는 사람은 그 희망을 닮아간다.

10

사색하기 때문에 나는 존재한다 - 책 -

훌륭한 책은 자연스럽고 원시적이면서 신비롭다. 훌륭한 책은 음지에서 무성하게 자라나는 버섯이나 이끼처럼 원시적이면서 신비롭다. 또한 눈부신 광채를 지니며, 비옥한 영양을 선사한다.
- 헨리 데이비드 소로(미국, 철학자, 시인) -

   인간에게 영감을 주는 것은 오직 책뿐이다. 준비된 독자는 그렇지 않는 독자보다 더 많은 것을 얻을 수 있다. 좋은 책은 영혼을 다스리는 귀중한 삶의 활력소가 된다. 그리고 오래도록 삶을 초월한 기억 속에 남는다. 좋은 책은 마치 보물과도 같다.

   난관이 닥치면 책을 읽으며 자신을 지탱하고, 행복과 즐거움을 찾아야 한다. 형편이 좋지 않고, 사는 것이 신통치 않을 때야말로 책 읽기에는 가장 적절한 시기다.

   진실한 마음으로 책을 읽으면 과거의 어떤 경험이 떠오르는데 이로써 자신이 처한 상황을 바로 보게 된다. 그러면 해결 방법은 물론 앞으로의 전망도 내다볼 수 있게 한다. 독서는 인간과 함께 자란다.

사색하기 때문에 나는 존재한다. 나에게 사색한다는 작용이 있음은 의심할 바 없으며, 그 때문에 나의 존재가 분명해지는 것이다. 그리고 나를 존재하게 하는 것은 나 자신이 아니다. 나를 존재하게 하는 첫째 원인은 전지전능한 신이 아닐 수 없다.

존재하는 모든 것은 물질과 정신. 독립된 이 두 가지 요소로 이루어진다.

물질은 양을 지니고 있으며 정신은 의식을 지니고 있다. 인류도 역시 육체와 정신의 두 가지 요소로 이루어진 것으로서 생물 중에서 가장 정밀한 조직을 가지고 있다. 즉 동력이라고 할만한 것이 있어서, 이것은 혈액이 심장에서 더워졌다가 뇌에 이르러 식혀지는 것으로 이루어지는데 전신을 도는 기계적 상태이다. 이 밖에 정신이라는 것이 있다. 이것은 물질과는 전혀 다른 것이지만, 능히 이 기계를 움직일 힘을 지니고 있다. 그러나 정신 그 자체는 물질과 같이 양을 지니지 않은 까닭에 기계의 파괴 즉, 육체가 죽더라도 멸망하지 않는다.

좋은 책은 인생을 담고 있는 보석상자다.
인간에게 영감을 주는 것은 책뿐이다.
책은 살아있는 목소리며 걸어 다니는 정신이다.

11

가슴 속에 큰 바위 얼굴을 품어라 -꿈-

꿈꾸는 자는 행복하다.
그리고 꿈을 이루는 데 따르는 대가를 치를 준비가 되어 있다. - 레온 J. 수에넨스 -

   중국 속담에 '그저 꿈만 뒤쫓으면 일평생 백일몽 속에서 시간을 허비하는 것과 마찬가지다'라는 말이 있다. 꿈은 순수한 상상이며, 창의적인 활동이다. 깨어있는 동안 꿈을 꿀 수만 있다면 모두가 단테나 셰익스피어 같은 위대한 문인이 될 것이다.

   인간은 꿈을 꾸면서 자란다. 어른은 모두 몽상가다. 그들은 모두 봄날의 산들바람이나 겨울 저녁의 모닥불 속에서 꿈을 본다. 물론 사라져버린 꿈도 있다. 그러나 꿈에 영양분을 주고 그것을 지키면서 햇빛이 비칠 때까지 혹독한 겨울을 견디는 사람도 있다. 끝까지 희망을 버리지 않는 사람에게 꿈은 비로소 현실이 된다.

   미국의 소설가 나다니엘 호손. 청교도 집안에서 태어나 『주홍글씨』

로 유명한 그의 단편소설 중 『큰 바위 얼굴』이 있다. 이 소설은 주인공 어니스트가 어렸을 때 어머니로부터 바위 언덕에 새겨진 큰 바위 얼굴을 닮은 아이가 태어나 훌륭한 인물이 될 것이라는 전설을 듣는 것으로 시작된다.

그는 큰 바위 얼굴 같은 훌륭한 인물을 찾아 길을 떠나고 돈 많은 부자, 싸움 잘하는 장군, 말을 잘하는 정치인, 글을 잘 쓰는 시인 등 다양한 인물을 만난다. 하지만 큰 바위 얼굴 같은 사람을 만나지 못한다.

그러던 어느 날 어니스트의 설교를 듣던 시인이 "당신이 바로 큰 바위 얼굴이요"라고 소리친다.

어니스트는 집으로 돌아가며 자기보다 더 현명하고 나은 사람이 큰 바위 얼굴과 같은 용모를 가지고 나타나기를 마음 속으로 바란다.

이 소설은 롤 모델의 중요성을 말해준다. 자신이 닮고 싶어하는 인물을 동경하고 좋은 것을 흡수할 수 있도록 자연스레 그 인물을 닮아간다는 것이다. 당신에게 큰 바위 얼굴이 있는가? 가슴 속에 큰 바위 얼굴이 없다는 것은 삶의 목표가 없는 것과 같다. 큰 바위 얼굴을 품어라.

그의 모든 것을 연구하고 배워라. 하나도 놓치지 말고 자신의 것으로 만들어라.

> 꿈꾸는 자는 행복하다. 그리고 꿈을 이루는데 따르는 대가를 치를 준비를 해야 한다 꿈은 순수한 상상이며 창의적인 활동이다.

12

2미터 깊이의 걱정 　- 근심 -

세상은 선인장으로 가득하다. 하지만 우리가 그 위에 앉을 필요는 없다.　- 윌 폴리(미국, 극작가) -

　말레이시아 속담에 '강이 조용하다고 악어떼가 떠난 것은 아니다'라는 말이 있다.
　세상에 아무런 근심이 없이 태어난 사람은 없을 것이다. 걱정에 가장 좋은 치료약은 그 걱정이 평온해지도록, 갈 데까지 가도록 내버려 두는 것이다. 이 세상은 우리를 괴롭히기에 충분한 걱정거리들을 가지고 있다. 그러나 다른 사람들의 괴로움에 대해 묵상하는 사람은 그 묵상에서 자신의 괴로움을 잊게 될 것이다.

　어떤 사람이 한 밤중에 길을 걷고 있다가 바위에서 미끄러졌다. 바위 밑 절벽으로 떨어질지도 모른다는 순간적인 두려움에, 미끄러지는 순간 극적으로 나뭇가지를 붙잡았다. 밤새도록 그는 밑이 보이지 않는 두려움 속에서 고함을 질렀다. "사람 살려!" 그러나 고함 소리는 허공을 울리고 되돌아올 뿐 그 밤에 아무도 그를 돕는 이가 없었다.

죽음이 엄습해 오는 듯 그의 손은 얼어붙기 시작했고 손목에 힘이 빠져 떨어질 것 같은 아슬아슬한 순간을 용케 버티며 떠오르는 태양을 맞았다. 그는 자기가 매달려 있는 나뭇가지를 불안하게 쳐다보면서 조심조심 절벽 밑을 내려다보았다.

순간, 그는 너무 황당한 나머지 붙잡았던 손을 놓칠 뻔했다. 발아래 불과 2미터 밑에 평지가 있었던 것이다. 어쩌면 인간사의 걱정과 근심은 2미터 정도의 깊이 밖에 안 되는 절벽인지도 모른다. 그 위에서 많은 사람들이 나뭇가지를 잡고 밤새도록 악몽에 시달리고 있을지도 모른다. 기억하라. 민들레 홀씨 하나가 큰 숲을 이룬다.

> 걱정은 칼날 위에 독이다.
> 걱정은 그 원인이 무엇이든 간에 용기를 약화시키고 빼앗아간다.
> 그리고 생명을 단축시킨다.

제6장
행복 편

행복은 삶의 목적이다.
행복은 행복하다고 생각 마음먹은 만큼 행복 하다
대부분이 곧 행복해 질 것이라 기대하기 때문이다.
참된 행복은 걱정과 불안에서 벗어나는 것이며
신과 인간에 대한 우리의 의무를 이해하고 행하는 것이요
미래에 의존하지 않고 현재를 즐기는 것이다.
삶은 불행한 사람에게는 한없이 길게 느껴지지만
행복한 사람에게는 너무 짧게 느껴진다.
행복에 이르는 길은 두 가지 단순한 원리가 있다.
자신에게 흥미를 일으키는 것과
자신이 잘할 수 있는 것을 찾는 것이다.
지금 이 순간이 행복해야할 때이며 행복은 현재에 있다.
지금 행복하다고 생각하라.

01

아름다운 우체부 － 진정한 행복 －

인간의 참된 삶에는 행복이 있다. 대부분이 곧 행복해질 것이라는 기대 때문이다.
－ 애드거 앨런 포(미국, 시인, 소설가) －

행복의 비결은 자신이 좋아하는 일을 하는 데 있는 것이 아니라, 자신이 하는 일을 좋아하는 데 있다. 위대한 행복은 우리가 우연히 위치해 있는 삶의 조건에 의존하지 않는다. 그것은 양심, 건강, 직업, 그리고 정의로운 목적을 추구하기 위한 결과물이다.

링컨은 "슬픔은 누구에게나 찾아온다. 더구나 쓰라린 고통과 함께 온다. 시간이 흐르지 않는 한 슬픔에서 완전히 벗어나기란 불가능하다. 슬픔을 느끼는 동안에는 언젠가 나아질 것이라는 사실을 믿을 수 없다. 그러나 이는 사실이 아니다. 반드시 다시 행복해질 수 있다. 이를 깨닫는 것이, 그리고 이를 진심으로 믿는 것이 지금 당신을 덜 슬프게 한다."고 말했다.

삶의 참된 행복은 걱정과 불안에서 벗어나는 것이요, 신과 인간에 대한 우리의 의무를 이해하고 행하는 것이요, 미래에 의존하지 않고 현재를 즐기는 것이다.

미국 샌프란시스코의 로스알레 힐이라는 작은 마을에 요한이라는 집배원이 있었다.

그는 젊었을 때부터 마을 부근의 약 50마일의 거리를 매일 오가며 우편 배달을 해 왔다.

어느 날 요한은 마을로 이어지는 거리에서 모래 먼지가 뿌옇게 이는 것을 바라보고 문득 이런 생각을 하였다.

"비가 오나 눈이 오나 하루도 빠짐없이 이 길을 오고 가는데 앞으로도 나는 계속 아름답지 않은 황폐한 거리를 오가며 남은 인생을 보내야 하겠구나."

요한은 정해진 길을 왔다 갔다 하다가 그대로 인생이 끝나버릴지도 모른다는 생각이 든 것이다. 그는 풀과 꽃 한 송이 피어있지 않는 황폐한 거리를 걸으며 깊은 시름에 잠겼다.

"어차피 나에게 주어진 일이라면 그것이 매일 반복된다고 해서 무엇이 걱정이란 말인가? 그래, 아름다운 마음으로 내 일을 하자. 아름답지 않는 것은 아름답게 만들면 되지 않는가!"

그는 그날부터 들꽃 씨앗을 넣어 가지고 다녔다. 그리고 우편 배달을 하는 틈틈이 그 꽃씨를 거리에 뿌렸다. 그 일은 그가 50여 마일을 가는 동안 하루도 쉬지 않고 계속되었다. 이렇게 여러 해가 지나고 요한은 콧노래를 흥얼거리며 우편 배달을 하게 되었다.

그가 걸어가는 길 양쪽에는 노랑, 초록, 빨강 꽃들이 다투어 피어나고 그 꽃들은 지지 않았다. 해마다 이른 봄에는 봄꽃들이 활짝 피어나고 여름에는 여름에 피는 꽃들이 쉬지 않고 피어났던 것이다. 그 꽃들을 바라보며 요한은 더 이상 자기 인생이 황막(荒漠) 하다고 여기지 않게 되었다. 50여 마일의 울긋불긋한 꽃길에서 휘파람을 불며 우편 배달을 하는 그의 뒷모습은 한 폭의 수채화같이 아름다웠다.

행복과 불행은 얼마나 높은 곳에 있느냐. 혹은 얼마나 낮은 곳에 있느냐 하는 것으로 결정되지 않는다. 지금 어디로 향하고 있는가에 따라 결정된다. 행복의 비결은 자신이 좋아하는 일을 하는데 있는 것이 아니라 자신이 하는 일을 좋아하는데 있다.

죽음보다 강한 사랑의 힘　- 진실 -

진실은 마음의 양식이다. 가장 밝은 빛도 어두움이 있어야만 비로소 그 존재를 인정받는다.
- 존 틴델(미국, 과학자) -

에머슨은 "진실은 인간을 비웃거나 모독하지 않는다. 그러므로 나는 과거에 얽매이지 않고 끝없이 연구하고 갈 구할 뿐이다"라고 말했다.

세상의 모든 것들이 관습의 잘못된 저울로 평가되는 동안 진실은 깊은 곳에서 발견된 보석이다. 진실은 그것을 말하는 사람을 결코 다치지 않게 한다.

그러므로 진실을 추구하고 그것을 사랑하는 자는 어떤 사회에서도 소중한 사람으로 간주되어야 한다. 진실에 대한 사랑은 모든 고귀한 대화의 자극제다.

이것은 모든 자비심의 뿌리다. 그것에서 솟아나는 나무에는 수많은 가지가 있을지 모르지만, 그 모든 가지에는 가장 고귀하고 풍부한 열매가 열릴 것이다.

　위대한 진실은 인간 영혼의 일부분이다.

　러시아의 작가 투르게네프는 사냥을 무척 좋아했다.

　어느 날 사냥에서 돌아와 정원을 걷고 있을 때였다. 사냥개가 무엇을 발견했는지 조심스럽게 발밑을 내려다보면서 앞으로 나아가고 있었다.

　투르게네프는 이상하게 여기며 사냥개의 앞을 살펴보았다. 그곳에는 둥지에서 떨어진 새끼 참새 한 마리가 양쪽 날갯죽지를 퍼덕이면서 발버둥치고 있었다. 솜털이 보송보송한 애처로운 모습이었다.

　사냥개는 새끼 참새를 향해 슬금슬금 다가갔다. 마침내 사냥개가 앞발을 들어 새끼 참새를 내리치려는 순간 정원수 가지 위에 앉아 있던 어미 참새가 사냥개를 향해 맹렬하게 돌진해 왔다.

　뜻밖의 사태에 놀란 사냥개는 주춤거리며 뒤로 물러섰다. 잠시 후 어리둥절해 있는 사냥개를 향해 어미 참새는 다시 날아왔다.

　어미 참새는 어린 새끼가 위험에 처한 것을 직감하고 공격해 온 것이다.

　그 본능적인 공격은 세 번씩이나 시도되었다. 그러나 결국 지쳐버린 어미 참새는 잔디 위에 머리를 처박고 기절하고 말았다.

　평소 사냥터에서는 그토록 사납고 용감하던 사냥개도 새끼를 구하기 위해 목숨을 걸고 달려드는 어미 참새의 모성을 이길 수는 없었던 모양이다.

마침내 사냥개가 슬금슬금 꼬리를 감추기 시작했다.
이 광경을 지켜보고 있던 투르게네프는 큰 감동을 받았다.
'어미 참새라고 사냥개가 무섭지 않았을 리 있겠는가?
그러나 자식의 위기를 그대로 보고만 있을 수는 없었을 것이다. 죽음을 무릅쓴 어미 참새의 공격은 자식을 사랑하는 어미의 당연한 행동이리라……'

투르게네프는 이 모습을 지켜본 심정을 훗날 이렇게 서술했다.
'나는 그 어미 참새의 용기를 통해 무한한 사랑의 위력을 배웠다. 사랑은 죽음보다도…… 아니 죽음의 공포보다도 강하다는 걸……. 그리고 그와 같은 사랑에 의하여 인간의 삶은 유지되며 끝없이 발전된다는 것을 깨달았다.'
그런 일이 있은 후 투르게네프는 그렇게도 좋아하던 사냥을 그만두었다.

03

영혼의 빛 　-진실-

진실은 마음의 양식이다. 가장 밝은 빛도 어두움이 있어야만 비로소 그 존재를 인정받는다.
- 법구경 -

　'착하다는 것'과 '진실하다는 것'은 다르다. 사람은 누구나 착한 사람은 될 수 있다. 그러나 진실한 사람이 된다는 것은 쉽지는 않다. 진실에는 도덕과 양심 그리고 영혼을 지배하는 정신의 강한 힘이 있을 때만이 가능하다. 그래서 참된 진실은 영혼의 힘이다.
　어떤 상황에서 진실을 말하면 자신에게 불이익이 올지 뻔히 알면서도 도저히 양심이 그것을 숨기는 것을 허락하지 않을 때 사람들은 갈등을 느끼게 된다. 그 순간 용감하게 진실을 밝히는 것은 용기 있는 사람만이 할 수 있는 훌륭한 정신 행위이다. 그래서 진실한 사람은 강하다. 그리고 그의 영혼은 맑고 깨끗하다.
　에머슨은 "진실은 인간을 비웃거나 모독하지 않는다. 그러므로 나는 과거에 얽매이지 않고 끝없이 연구하고 미래를 향해 갈구할 뿐이다."
라고 말했다.

진실은 세상의 모든 것들이 관습의 잘못된 저울로 평가되는 동안 마음의 깊은 곳에서 발견된 보석과 같은 것이다. 그래서 그것을 말하는 사람을 결코 다치지 않게 한다.

진실을 추구하고 그것을 사랑하는 자는 어떤 사회에서도 소중한 사람으로 간주되어야 한다. 진실은 우리에게 일상에 만족하고 다른 사람과 동일한 행복감을 공유하라고 가르치는 깊은 친절함이다.

그래서 진실한 사람과 만나 대화를 하면 어쩐지 마음이 가볍고 평화롭다.

그것은 진실이 준 자비와 고귀한 영혼의 향기 때문일 것이다.

> 믿을 수 있는 모든 것은 진실의 모습이다.
> 진실을 추구하고 그것을 사랑하는 자는 어떤 사회에서도 소중한 사람으로 간주되어야한다. 진실의 영혼과 자유의 영혼은 사회의 기둥이다. 위대한 진실은 인간 영혼의 일부분이다.

남을 돕는 것은 자기 자신을 돕는 것이다 -봉사-

진정으로 행복해질 사람들은 어떻게 봉사하는지 찾고 발견하는 자들이다. - 알버트 슈바이처 -

톨스토이는 "인생의 유일한 의미는 인류에게 봉사하는 것이다"라고 말했다.

몇 해 전 미국 하버드대학교 시험문제에 인간이 살아가는데 가장 주요한 것 네 가지를 기술하라고 하는 신문 기사 내용을 본 적이 있다.

아마 이 문제는 의식주 다음으로 인간에게 중요한 것이 무엇인가를 묻는 문제일 것이다. 사람마다 가치관의 차이 때문에 다른 대답이 나올 수도 있다. 사랑, 평화, 자유, 등등 그러나 남을 도와주는 일 '봉사'가 정답이었다.

남을 도와주는 참된 봉사는 자신을 사랑한 사람만이 할 수 있는 그리움에 행위이며, 절대선의 가치인 지고의 선이다.

오직 다른 사람을 위해서 살아가는 인생만이 보람 있는 삶이다.

신약성서에서도 다른 사람에게 자발적으로 하는 봉사는 인간의 삶에서 가장 고귀한 의무이며 영광이라고 가르친다.

1998년 하버드 의대 교수가 학생들에게 흥미로운 실험을 했다.
"먼저 두 그룹으로 나누겠네."
교수는 학생들에게 해야 할 일을 알려주었다. 한 그룹은 대가가 주어지는 일을 하게 하고 다른 그룹에게는 아무런 대가 없는 봉사활동을 하게 했다.

학생들은 자신이 하는 일이 무엇인지 몰랐다.

며칠 후 교수는 학생들의 면역 항체 수치를 조사했다.
"예상은 했지만 이럴 수가…."
교수는 자신의 눈을 의심했다. 면역 항생 수치를 조사한 결과 무료로 봉사한 학생들에게서 나쁜 병균을 물리치는 항체가 월등히 높아진 것이 발견된 것이다.

몇 달 후 교수는 마더 테레사 수녀의 일대기를 담은 영화를 학생들에게 보여주는 실험을 했다. 그리고 다시 측정했다. 이번에도 놀라운 현상이 일어났다. 이 영화를 본 학생들은 혈압과 콜레스테롤 수치가 현저히 낮아지고 엔돌핀이 정상치의 2배 이상 증가하여 몸과 마음에 활력이 넘친다는 사실을 알았다.

> 남을 돕는 활동을 통해 일어나는 정신적, 신체적, 사회적인 변화에 대해 '헬퍼스 하이'라고 이름을 붙였다. 이는 '마더 테레사 효과'라고도 하고 '슈바이처 효과'라고도 한다. 실제로 남을 돕거나 봉사하면 심리적 포만감 즉 '헬퍼스 하이'가 최고조에 이른다. 결국 남을 돕는 것은 자기 자신을 돕는 것이다.

밤하늘에 북극성은 길을 안내한다. - 좌우명 -

좌우명이란 어두운 밤길을 항해하는 밤하늘에 북극성이다. 그 불빛을 따라 인생을 항해하라 - 토마스 제퍼슨 -

 당신의 좌우명은 무엇입니까?
 언뜻 대답이 않나올 수도 있다. 학창 시절에 열심히 공부하겠다는 의지를 북돋기 위해서 명언을 종이에 써서 책상 위나 침대 머리 밭에 붙여놨던 것이 좌우명의 대부분 일 것이다. 고(故)김영삼 대통령께서도 중학교 다닐 때 하숙집 책상 위에 '미래의 대통령 김영삼'이라고 써서 붙여 놓고 열심히 공부를 했다는 일화가 있다.

 좌우명은 학창 시절만 있는 게 아니고 성인 되서도 자신의 나태와 타성에 젖은 것을 일깨우기 위해 마음의 새로운 각성을 갖기 위해 필요한 것이 좌우명이다.

사람은 언제든지 나태해질 수 있으며 자기 약점에 발목 잡힐 수가 있다.

또한 어려움 앞에 위축되거나 유혹에 흔들릴 수 있으며 마음이 흐트러지거나 잘못된 길로 빠질 수 있다. 이렇듯 내면의 의지와 노력만으로는 스스로를 바로잡기가 어려울 때 바로 좌우명이 필요하다. 좌우명은 날카로운 죽비 소리처럼 나사 풀린 정신을 일깨우며, 나약함을 극복하고 자신의 한계를 뛰어넘도록 독려한다.

또한 어두운 밤 등불처럼 우리가 바른 방향으로 나아갈 수 있도록 길을 비춰준다.

한 소년이 있었다.

그의 꿈은 자신도 행복하고 남도 행복하게 만드는 것이었다. 그러나 어떻게 해야 그런 사람이 될 수 있을지를 몰랐다. 그래서 소년은 마을에서 가장 현명하고 존경받는 현자에게 물었다.

현자는 미소를 지으며 말했다.

어린 나이에 그토록 훌륭한 꿈과 목표를 갖다니, 참으로 기특하구나. 네게 해주고 싶은 말은 네 가지란다.

"첫째 '자신을 남처럼 생각하라'는 것이다."

소년은 잠시 생각을 하다가 말했다.

나 자신을 남처럼 생각하면 좋은 일이 생기거나 나쁜 일이 생겨도 좋고 나쁜 감정에 지나치게 빠지지 않을 수도 있다는 말씀이인가요?

현자는 웃으며 고개를 끄덕였다.

"두 번째는 남을 자신처럼 생각하라는 것이란다."

소년은 눈을 반짝이며 말했다. "그 말씀은 알겠습니다. 다른 사람을 자신처럼 생각하면 그 사람의 고통과 어려움을 깊이 이해하고 공감할 수 있으며, 진심으로 도울 수 있겠지요. 물론 다른 사람이 기뻐할 때 나 역시 똑같은 기쁨을 느낄 테고 말이죠."

현자는 수염을 쓸어내리면서 소년을 기특하다는 듯 바라봤다.

"잘 아는 구나 세 번째는 '남을 남처럼 생각하라다' 잠시 생각에 잠겼던 소년이 고개를 끄덕이며 말했다.

"그 말씀은 다른 사람을 존경하라는 뜻인가요?

자신의 기준을 남에게 요구하지 말고, 자기 뜻대로 남을 바꾸려 들지 말라는 가르침으로 들립니다."

현자는 큰 소리로 웃었다.

"참으로 지혜로운 아이로구나!"

"네 번째는 '자신을 자신처럼 생각하라는 것'이다." 이 원칙들은 듣기에는 쉬운 것 같아도 실천하기가 결코 쉽지 않지."

소년은 고민스러운 얼굴로 물었다.

"그럼 어떻게 해야 잘 실천할 수 있을까요?"

"이 네 가지를 명심하고, 평생 좌우명으로 삼거라 그 다음은 살면서 경험을 통해 확인하면 된다."

사람은 누구나 행복하기 위해서 존재한다. 행복하기 위해서는 자신을 수신하는 습관이 선행되었을 때 행복의 조건에 부합할 수 있다. 자신을 수신 못하고 관리 못하는 사람이 어떻게 행복할 수 있겠는가?

　자신을 수신하기 위해서는 성실함은 기본이고 그 바탕 위에 통제하고, 절제하고, 근면 하는 좋은 습관들이 몸에 배어 있어야한다.

　그때 인생의 성공이라는 행운의 여신이 찾아오게 되어있다. 사람은 '습관이 인생을 만든다'는 말이 있다. 좋은 습관은 인생의 복(福)을 부르고 행운을 부른다. 그러나 좋은 습관을 만들기가 말처럼 쉽지는 않다. 좋은 습관에는 자기 희생이 따르고 성실한 인내가 함께 할 때만이 가능하다.

　자신을 지키고 가꾸는 원칙을 준수하기 위해서는 좌우명이 필요하다. 좌우명은 어두운 밤하늘에 북극성처럼 자신의 길을 안내하고 빛을 비춰주는 마음의 등불이다.

　한 마디의 명언을 읽고 평생토록 자신의 길을 개척하고 역경과 시련이 올 때는 그 명언을 생각하면서 묵묵히 인내하면서 위대한 업적을 이루고 쌓았던 위인들의 삶을 기억해야 한다. 당신은 괴롭고 힘들 때 또는 좌절의 늪에 빠져 허덕일 때 자신을 지켜줄 좌우명을 그대는 갖고 있는가?

> 날마다 세 가지 일로 나 자신을 반성하라, 남을 위하여 일을 일하면서 진심을 다 하지 않았는가. 벗과 사귀면서 진실 하지 않았는가. 배운 것을 익히지 않았는가 하는 것이다. 사람은 자신을 수신제가 할 때 품격 있는 인격체로 거듭날 수 있다.

소년과 피리 - 불행 -

행운에서 불행까지는 고작 한 걸음이면 닿지만, 불행에서 행운까지는 아주 먼 길이다.
- 유대 속담 -

체코 속담에 '하늘은 도덕을 일깨우기 위해 우리에게 불행을 보낸다'라고 말했다.

불행이 닥칠 때에는 항상 잊지 말고 자신을 돌아보고, 그 불행을 뒤엎을 수 있는 힘이 무엇인지 자신에게 물어보아야 한다.

최악의 불행에는 행복한 변화를 가져올 최상의 기회가 있다는 것도 우리는 기억해야 할 것이다.

우리는 자신의 불행과 타인의 불행을 통해 얻는 바가 있다. 자신의 불행을 통해 더 많이 얻는다 하더라도 자신의 불행은 더 고통스럽게 마련이다.

그러니 타인의 불행을 통해 반면교사로 삼는 게 불행을 피해 가는 지름길이 될 것이다.

현명한 사람들은 남들의 불행에서 자신의 피해야 하는 것을 깨닫는다.

한 소년이 무척 피리를 갖고 싶었다.

소년은 돈이 생기자 한 걸음에 가게로 뛰어갔다. 가게에는 주인이 없었다.

소년은 주인이 나타날 때까지 기다릴 수가 없어서 주머니에 있는 돈을 다 털어놓고 피리 하나를 집어든 다음, 줄달음쳐서 집으로 돌아왔다.

그는 제 입에서 흘러나오는 피리소리에 기쁨을 억누를 수가 없었다. 그 피리를 그의 형과 누나에게 자랑했다. 그러나 형과 누나는 소년이 주머닛돈을 다 털어놓고서 그 피리 한 개를 잡어 들고 왔다는 얘기를 듣자 입을 삐죽거리며 "너무 비싼 피리"라고 흉을 보았다.

소년은 기쁨은 사라지고 불안과 슬픔에 잠겼다. 더 싸게 살 수 있는 피리라는 것을 생각하며 도리어 고민을 했다. 이것은 미국의 위대한 인물 프랭클린의 소년 시절 이야기였다.

그는 70년 후에도 그 값비싼 피리의 슬픔을 기억하고 있었다.

프랭클린은 그 피리에 대해 이렇게 말했다.

세상 사람들은 저마다의 피리를 갖고 있다. 그들의 불행은 너무 비싼 피리 값을 주는 데서 생기고 있다. 물건의 값을 지나치게 평가하고 있는 것이다. 물건의 가치를 적당히 평가해야 한다. 부부 간에 사소한 언쟁이 큰 소동으로 발전하고, 심지어 20년, 30년이란 세월을 서로 미워하며 사는 수가 있는데, 이것은 한 때의 언쟁에 대한 값을 너무 비싸게 치르고 있는 것이다.

> 한 때의 모욕은 그 때로서 씻어버리는 것이 그 값에 알맞은 행위이다. 한 때의 모욕감을 일생을 통해서 잊지 못한다는 것은 모욕이라는 물건에 대한 가치 평가를 잘못한 것이다.

 **07**

크리스마스에 보내는 미소의 가치   - 아름다움 -

> 누구나 순수하고 고상하며 절정에 달한 것에서 즐거움을 얻게 된다. 나는 아름다운 것을 기대며 즐거움을 느낀다.   - 에드가 앨런 포(미국, 소설가) -

    인생을 아름답게 살면 본인은 물론 다른 사람도 즐거워할 뿐 아니라, 아름다움이라는 권력을 얻게 된다. 다음의 경우를 한 번 생각해 보자.

    한 눈에 보기에도 매력적인 사람이 있다고 치자, 그런가 하면 외롭고 낯빛이 창백하고 검버섯도 군데군데 피어 있으며, 말이 없고 꿈도 꾸지 않는 사람이 있다. 아무리 대단한 권력자라도 이 둘을 똑같은 부류로 취급할 수는 없다.

    인간의 의무는 새로운 세상을 발견하는 것이 아니라, 인간에 대한 이해와 아름다움이라는 관점에서 자신만의 세상을 찾는 것이다. 아름다움은 인간에게 희망을 준다.

미소의 가치

미소는 아무런 대가를 치르지 않고서도 많은 것을 이루어 냅니다.

마소는 받는 사람의 마음을 풍족하게 해주지만, 주는 사람의 마음을 가난하게 만들지는 않습니다. 미소는 순간적으로 일어나지만, 미소에 대한 기억은 때때로 영원히 지속됩니다. 미소 없이 살아갈 수 있을 만큼 부자인 사람은 없고, 그 혜택을 누리지 못할 만큼 가난한 사람도 없습니다.

미소는 가정의 행복을 만들어 내며 사업에서의 호의를 베풀게 하고, 우정의 표시로 나타나기도 합니다.

미소는 지친 사람에게는 안식이며 절망에 빠진 사람에게는 햇빛이고, 슬픈 사람에게는 태양이며 또한 모든 문제에 대한 자연의 묘약이기도 합니다.

그러나 미소는 살 수도 없고, 구걸할 수도 없으며 빌리거나 훔칠 수도 없습니다.

왜냐하면 미소는 누구에게 주기 전에는 아무 쓸모가 없기 때문입니다.

그러므로 만일 크리스마스 쇼핑의 막바지 혼잡 때문에 저희 판매원들 중 누군가가 너무 지친 나머지 미소를 보내드리지 못하게 되면, 그들에게 당신의 미소를 보내주지 않으시겠습니까?

왜냐하면 너무나 많은 미소를 준 나머지 더 이상 줄 수 있는 미소가 없는 이들이야말로 누구보다도 더 미소가 필요하기 때문입니다.

- 뉴욕의 한 백화점 -

 **08**

침묵은 절대 배신하지 않는 진정한 친구다 - 침묵 -

고요함이 어떤 노래보다도 음악적이다.
침묵은 영원처럼 깊고 말은 시간처럼 얕다. 그리고 참된 지혜의 가장 좋은 대답이다.   - 앨런 포우 -

'침묵은 현명한 사람의 대답이다'라는 말이 있다.

침묵하는 사람은 어디서든 환영받는다. 사람들은 대부분 말을 너무 많이 한다. 침묵할 때 침묵하고 말할 때 말할 수 있는 사람이 진정 훌륭한 사람이다.

헨리 데이비스 소로는 "침묵은 실망했을 때뿐만 아니라 싫증이 날 때에도 사용할 수 있는 보편적인 방편이다. 지루한 이야기를 나누거나 어리석은 행동을 할 때는 침묵으로 끝을 맺고, 억울한 일을 당했을 때에는 침묵함으로서 억울함을 누그러뜨릴 수 있다"고 말했다

우리의 인생에서 가장 감동적인 순간에는 아무 말도 못하지 않는가!

당신만 고통 받는 것은 아니다

한 여인이 현자를 찾아갔다.

여인은 자신이 지금 처한 끔찍한 절망에서 벗어나는 방법을 알려 달라고 간청했다.

현자가 이렇게 말했다.

"한 번도 슬픔을 겪어 본 적 없는 집을 찾으시오. 그리고 그 집에 있는 겨자씨를 구해 오시오."

여인은 동네에서 가장 크고 아름다운 집을 찾아갔다. '분명 이 집에는 슬픔을 한 번도 겪지 않은, 팔자 늘어진 사람들이 살고 있을 거야.' 그녀는 이렇게 생각하며 문을 두드렸다. 그러자 한 노인이 문을 열고 나왔다.

"저를 좀 도와주세요. 전 지금 한 번도 슬픔을 겪어본 적 없는 집을 찾고 있어요. 이건 저에게 아주 중요한 일입니다."

"미안하오. 집을 잘못 찾아왔소."

노인은 얼마 전 자신에게 일어난 끔찍한 사건을 털어놓았다.

여인은 오히려 노인을 위로했다. 여인은 계속해서 다른 집의 문을 두드렸다.

당장 끼니를 걱정하는 아주머니와 일자리를 잃은 가장도 만났다.

식물 인간이 된 어머니를 2년째 수발하는 딸도 만났고 교통사고로 자식을 모두 잃은 부모도 만났다.

온 마을을 샅샅이 뒤지고 다녔지만 그녀가 들은 이야기라고는 모두 슬프고 절망스러운 이야기뿐이었다.

그때마다 여인은 지치고 힘든 사람을 위로하고, 슬퍼하는 사람들을 오히려 달래 주었다.

그러는 동안 자신의 고통은 아무것도 아니라는 것을 알게 되었다. 그녀는 결국 겨자씨를 찾으면서 남을 위로하고 격려하는 사람이 되었음을 깨달았다.

침묵은 현명한 사람의 대답이다. 침묵은 절대 배신하지 않는 친구다.
행복한 삶은 조용한 삶이어야만 한다. 왜냐하면 참다운 기쁨은
오직 조용한 분위기에서만 살아나기 때문이다.

남을 먼저 행복하게 해 주라 - 베풂 -

받기만 하는 자에게는 명예가 주어지지 않는다. 명예는 베푸는 사람에게 주는 보상이다.
- 세네카(로마시대, 정치가) -

　인도 속담에 '모든 것을 주는 사람은 모든 것을 얻지만, 아무것도 주지 않는 사람은 아무것도 얻지 못 한다'라는 말이 있다.
　아리스토텔레스도 "모든 미덕 중 아낌없이 주는 마음이 가장 소중한 것이다"라고 말했다. 받기만 하는 자에게는 명예가 주어지지 않는다. 명예는 베푸는 자에게 주어지는 보상이다. 누군가를 의지하는 대신 남에게 베풀 수 있음을 신에게 감사하라.
　"생각만으로는 아낌없이 줄 수 없다. 베푸는 행위의 거룩한 사명을 다하고 생산적일 수 있기 위해서는 보다 강건해 지고 적극적이야 하며, 미치지 못하는 부분이 없어야 한다.
　아낌없이 주는 행위는 생각이 아닌 마음에서 나온 것이다"라고 괴테는 말했다.

사람은 남에게 어떤 행동을 했느냐에 따라 그의 행복도 결정이 된다.

남에게 행복을 주려고 하였다면 그만큼 그 자신에게도 행복이 온다.

자기의 자녀에게 맛있는 것을 사주고 그것을 맛있게 먹는 걸 보고 우리는 행복을 느낀다.

어린 아이의 좋아하는 모습은 어버이의 기쁨이기도 한 것이다.

이 이치는 부모나 자식에게만 해당되는 것이 아니라 부부 간이나 형제 간에, 친구 간이나 이웃 간에, 나아가서는 낯선 사람에게도 공통된 이치이다.

남에게 관대했으면 그만큼 내 마음이 넉넉해지지만, 만약 남에게 나쁘게 굴었다면 그만큼 자기 자신의 마음이 좁아졌음을 느끼게 한다.

남을 때리는 자는 잠을 이루지 못하는 법이다. 남에게 친절하고 관대한 것이 자기 마음의 평화를 유지하는 길이다.

남을 행복하게 할 수 있는 사람이 또한 행복을 얻는 것이다.

> 그가 은혜를 모른다면 그의 잘못이지만, 내가 베풀지 않는다면 내 잘못이다.
> 나는 은혜를 잊지 않을 단 한사람을 찾기 위해 그렇지 않은 수많은 사람들에게 은혜를 베풀 것이다.
> 은혜를 갚지 않는 것도 큰 죄이나 은혜를 베풀지 않는 것은 더 큰 죄가 된다.

10

인생이라는 무대에서의 배우 -삶-

인간은 삶에서 항상 자신이 좋아하는 무언가를 해야 한다.
그렇지 않으면 삶 자체가 지루하고 무익하게 여겨질 것이다   - 요한 세움 -

하루하루는 작은 삶이다. 우리의 삶 전체도 반복되는 하루일 뿐이다.

그러니 하루하루를 마지막인 것처럼 살라. 감히 하루를 잃는 자는 위험이 따를 정도로 방탕한 사람이다.

감히 하루를 허비하는 자는 절망적인 사람이다

우리는 매일 밤 스스로에게 책임을 물어야 한다.

오늘은 어떤 결점을 개선했는지, 어떤 욕망에 대항했는지, 어떤 유혹을 뿌리쳤는지, 그리고 어떤 미덕을 얻었는지, 매일 우리가 우리의 부도덕을 고해한다면 그것의 힘은 점점 약해질 것이다.

인간은 삶에서 항상 자신이 좋아하는 무언가를 해야 한다. 그렇지 않으면 삶 자체가 지루하고 무익하게 여겨질 것이다. 아무리 작은 것일지라도 사소한 것은 없다고 생각하라, 작은 것이 산을 세우고, 순간이 한 해를 만든다. 그리고 사소한 일들이 모여 삶을 이룬다.

위대한 배우는 온 힘을 다해 그가 맡은 역할 속으로 들어간다.

스스로를 극 중의 그 인물이라고 생각하고, 실제로 그렇게 느낀다. 위대한 배우는 일단 무대에 서면, 맡은 바 역할이 거지든 영웅이든 바로 그 삶을 산다.

만일 영웅의 역할을 맡았다면 그는 영웅처럼 행동하고, 영웅처럼 생각하고, 영웅처럼 말한다. 태도 자체에서 영웅적 자질이 풍겨 나온다.

이와 반대로 거지의 역할을 맡았을 경우, 위대한 배우는 거지처럼 입고, 거지처럼 굽실거리고, 움츠리고, 우는 소리를 한다. 이와 마찬가지로 당신은 삶에서 당신이 보여주는 역할, 그 역할을 제대로 수행한 정도에 따라 판단된다.

성공하길 원한다면 성공한 사람처럼 행동하고, 말하고, 생각하라. 당신이 어딜 가든 승리를 발산해야 한다. 지금 하고 있는 일이 성공할 것임을 믿는 태도를 유지해야 한다.

계속해서 실패자인 듯한, 그와 아류인 듯한, 성공을 의심하는 듯한 행동을 한다면, 만나는 모든 사람에게 당신이 얼마나 운이 없는지를 말하고 다닌다면, 당신이 할 수 있다고 믿지 않는다면 성공은 날아갈 것이다.

> 우리가 먼저 씨를 뿌리지 않고, 눈물로 밭이랑에 물을 주지 않고서 잘 여문 황금빛 이삭을 거둘 수는 없다. 우리는 이 신비로운 세계를 아무런 대가 없이는 얻을 수가 없다. 삶의 들판은 가시든 꽃이든 우리가 뿌리는 대로 거둘 것이다.

11

어머니의 마음 - 사랑 -

내 마음에 푸르른 큰 나무를 품고 있다면 노래하는 새들이 내게 올 것이다   - 중국 속담 -

　존 베리모어는 "사랑이란 아름다운 소녀를 만나 그녀가 아름답지 않다는 것을 알기까지의 매우 기쁜 시간이다"라고 말했다.

　진정한 애정은 수수께끼 같고, 신비로우며 불가사의한 것들의 집합체다. 그 안에서는 두 개의 집합체가 하나가 된다.

　인간의 애정이 가져오는 결과는 어떤 활력을 주는 흥분이다. 봄이 오면 봄을 느끼고 기뻐하라. 행복이오면 행복을 느끼며 기뻐하라. 사랑이 오면 사랑을 느끼며 기뻐하라.

　사랑과 스캔들은 한 잔의 최고의 감미료이다.

　스코틀랜드의 한 도시에서 집회가 있었다. 사회자가 힘찬 목소리로 말했다.

"사람은 누구나 한 때 잘못을 저지를 수 있습니다. 이제라도 잘못을 뉘우치고 새 출발을 합시다!"

그때 시몬즈라는 젊은이가 두 손으로 머리칼을 움켜쥐고 괴로워하다가 마침내 쓰러져 실신했다. 사람들이 몰려들어 찬물을 먹이고 팔다리를 주물러 주자 겨우 정신을 차렸다.

그는 한숨을 쉬며 자기의 과거를 모두 털어놓았다.

"저는 이곳에서 좀 떨어진 시골의 큰 부잣집 외아들로 자랐습니다. 대대로 내려온 재산은 많았지만 홀어머니의 잔소리도 듣기 싫고 시골에서 평생 지낸다는 것이 고역처럼 느껴졌습니다.

그래서 어느 날 집안의 값진 재물을 챙겨가지고 집을 떠났습니다. 그것이 벌써 십년 전의 일입니다. 그 동안 연락 한 번도 하지 않아 어머님의 생사도 모르고 이젠 갖고나온 돈도 거의 다 떨어졌습니다. 이제라도 집으로 돌아가 어머니를 정성껏 모시겠습니다."

젊은이는 이렇게 말하고는 자리를 떠났다.

폭우로 옷은 흠뻑 젖고 주위는 어두워 한 치 앞도 보이지 않지만 그는 어린 시절의 기억을 더듬어 산 속의 외딴집을 찾았다.

깁 가까이에 이르러 보니 대문 위에 등불이 환히 걸려 있었고 늦은 밤중인데도 대문이 활짝 열려 있었다.

이상하게 생각한 그는 방문 앞에 가서 어머니를 불렀다.

"어머니, 제가 돌아왔습니다."

"아니, 이게 누구냐? 시몬즈구나!"

어머니는 방문을 열어젖히고 한 걸음에 뛰어나와 비에 흠뻑 젖은 아들을 끌어안았다.

"어머니, 이제야 찾아온 저를 용서하세요. 그런데 제가 집에 있을 때는 초저녁부터 대문을 꼭꼭 잠그시더니 왜 이렇게 늦은 밤에도 대문을 활짝 열어놓으셨어요? 그리고 대문 위에 등불은 왜 켜놓으시고요?"

애야. 네가 집을 나간 그날부터 난 하루도 대문을 잠근 적이 없단다. 날마다 네가 오늘 저녁에는 돌아오겠지 생각하며 등불을 켜놓고 대문도 열어 놓았단다. 얘야, 잘 돌아왔다……

> 이 지구상에 모든 음악 중에 하늘 저 멀리 울러 퍼지는 음악은 진심으로 사랑하는 마음의 고동소리이다.
> 어머님의 헌신적인 사랑은 신이 인간에게 준 가장 따뜻한 보물이다.

12

성공을 파는 가게 - 소유물 -

가장 값진 소유물은 분배해도 줄어들지 않는 것, 다시 말해 나눴을 때 증가하는 것이다. 그와는 달리 궁색한 소유물은 나눴을 때 줄어드는 것이다.   - 윌리엄H. 댄포스(미국, 작가) -

한 사람이 정직하게 획득한 것은 그의 완전한 소유다. 그가 남에게 주는 것은 자유지만, 그의 동의 없이는 그것을 가져갈 수는 없다. 사람들은 무엇이든, 나중에 회상해 봐야 알 수 있는 훌륭함을 자기 손에 있는 동안에는 알지 못한다.

아인슈타인은 "자신을 위한 재산, 외적인 성공, 명성, 사치, 같은 것은 언제나 경멸할 만한 대상이다. 단출하고 겸손한 인생의 태도는 모든 사람을 위해 최선의 것이어야 하고, 몸과 마음 모두에 최선의 것이어야 한다"고 말했다.

어딘가에 세상의 모든 성공을 파는 가게 있다고 해서 한 부자가 여행을 떠났습니다.

　많은 돈을 준비해 꼭 사오겠다는 마음을 먹은 그는 짐을 챙겨 여러 도시를 돌아다녔지만 그 가게를 쉽게 찾을 수 없었습니다.

　그러던 중 어떤 낯선 도시에 도착했는데 〈세상의 성공을 파는 가게〉라고 쓰여 있는 곳을 보았습니다.

　가게로 들어가자 종업원이 그를 맞았습니다.

　"어떤 성공을 원하십니까? 사소한 성공, 작은 성공, 세상에서 가장 큰 성공 등 모든 종류의 성공이 다 준비되어 있습니다."

　부자는 큰 소리로 말했습니다.

　"당연히 세상에서 가장 큰 성공을 주시오. 돈이라면 충분히 있으니."

　종업원은 그를 아래 위로 훑어보더니 말했습니다.

　"저 그런데 그게 워낙 비싸서……."

　부자는 단번에 고개를 숙이고 가게를 나왔습니다.

　그는 알게 되었습니다. 편안함을 포기하는 크기만큼 성공의 크기는 커진다는 것을."

> 경제의 원칙에도 투자 없이는 이윤이 발생하지 않듯이 성공에는 반드시 크든 작든 간에 대가를 지불해야 한다. 대가를 지불하지 않는 성공은 사상누각이다. 위대한 성공은 땀과 눈물의 결정체이다.

13

최고의 발명품은 남을 사랑하는 마음이다 － 노화 －

40세가 넘으면 상대방이 하는 말보다 그 사람의 얼굴에서 더 많은 것을 알 수 있다.
－ 말콤 포브스(미국, 포브스발행인) －

　독일 철학자 괴테는 '나이를 먹을수록 인생의 매력을 점점 더 많이 알게 된다'고 했다.
　늙으면 인생의 즐거움을 알게 되고 삶에 대한 열망이 강해진다.
　노인이 모두 현명하다고 말할 수는 없다. 나이를 먹는다고 해서 자연히 현명해지는 것은 아니기 때문이다.
　노인에게는 눈길을 끄는 유치함과 활기찬 순수함이 있다. 나이 먹은 사람은 젊은이보다 낭만적이고, 모험을 즐길 수 있다. 그리고 자신이 얼마나 많이 모르는지 깨닫는다. 단지 해가 지난다고 나이를 먹는 것은 아니다.
　이상을 포기하는 것만이 인간을 늙게 한다. 인생에서 전진하는 것만을 갈구하지 말라. 나뭇잎을 보고 활력을 되찾고 들판에서 휴식을 취하라. 그러면 나이를 먹어도 관대한 마음으로 일할 수 있고 자신에게 맞는 곳을 찾을 수 있을 것이다.

우리가 흔히 쓰는 일회용 반창고는 미국의 어얼 딕슨이 발명했다.
아내가 요리를 하다 칼에 자주 손을 베는 것을 보고 외과 치료용 거즈로 실험을 반복한 결과 오늘날의 반창고가 탄생했다.
재봉틀은 밤에 잠도 자지 않고 바느질을 하는 아내의 모습을 안타까워하던 일라이어스 하우에 의해 만들어졌다.
이 밖에 사랑하는 사람을 위해 만든 발명품은 많다. 막 걸음마를 시작한 손자가 양말 때문에 자주 미끄러지는 게 안타까웠던 마츠이 할머니 덕분에 실내화가 만들어졌으며, 병실에 누운 아들이 우유를 먹으려고 힘겹게 몸을 세우는 것을 안타까워한 일본인 아줌마에 의해 주름 모양의 빨대가 만들어졌다.
이처럼 많은 발명품이 사랑하는 사람을 생각하는 마음에서 비롯되었다.
여기에는 사랑하는 사람이 좀 더 편안하고 행복하게 살기를 원하는 이들의 간절한 꿈과 염원이 녹아 있다.
주위를 둘러보라. 당신의 도움을 필요로 하는 사람의 손길이 보이지 않는지. 귀 기울여보라. 당신의 도움을 필요로 하는 사람의 목소리가 들리지 않는지. 남을 사랑하는 마음이야말로 인간이 만든 최고의 발명품 아닐까?

14

노력해서 얻는 것이 소중하다   - 노동 -

옷을 입을 때마다 그 옷을 만든 사람의 노고를 생각하고 음식을 먹을 때마다 농부의 땀을 생각하라
- 중국 속담 -

손에 연장을 들고 자신만의 최고의 삶을 개척하라. 노동은 삶의 신성한 계율이요. 노동에서의 해방은 의무를 다하지 않고 자멸하는 행위이다.

인간의 노동력 외에 진정한 부는 없다.

금으로 덮인 산과 은이 흐르는 골짜기가 있다면 이 세상은 보다 부부유해지지 않을 것이다. 안락함은 인류 발전에 보탬이 되지 않는다. 희망을 품고 여행하는 것이 도착하는 것보다 낫다. 진정한 성공은 일하는 것이다. 노동의 열매가 가장 달콤한 기쁨의 열매다.

미국의 한 동물원에서 하마를 사육할 젊은 조련사를 고용했다. 선배

조련사는 하마가 잘 자라게 하려면 먹이를 너무 많이 주지 말라고 했다. 젊은 조련사는 이 말을 납득할 수가 없었다.

그는 선배의 말을 무시하고 하마가 잘 자라도록 많은 먹이를 주었다. 사람들은 이 사육사가 하마를 많이 아낀다고 생각했다.

두 달 후 신입 사육사는 하마가 좀처럼 자라지 않는다는 사실을 발견했다. 이에 비해 선배 사육사가 먹이를 별로 주지 않는 하마는 하루가 다르게 커졌다.

그는 두 마리 하마가 체질이 다르다고 생각했다.

선배는 이유를 설명하지 않고 자신과 같이 하마를 키우라고 충고했다. 얼마 후 선배가 키우는 하마는 신입 사육사가 기르는 하마보다 훨씬 많이 자랐다. 궁금증을 견디다 못한 그는 자신의 하마가 잘 자라지 않는 이유를 설명해 달라고 했다.

"자네가 사육하는 하마는 먹을 것이 전혀 궁하지 않으니까 잘 먹지 않아서 자라지 않는 걸세. 하지만 내가 키우는 놈은 먹이가 늘 모자라니까 끼니마다 던져주는 먹이를 아주 아끼고 잘 먹어서 무럭무럭 자라나는 거지."

일본의 어느 동물원에서 오랫동안 원숭이를 키운 사육사가 있었다. 그는 원숭이에게 직접 주는 것이 아니라 나무 밑의 구멍에 숨겨놓았다. 그러면 원숭이는 하루 종일 머리를 굴리다가 나뭇가지로 구덩이를 파서 먹이를 찾아냈다.

이 모습을 본 사람들이 왜 그런 방법으로 먹이를 주느냐고 물었다.

사육사는 먹이가 영양가는 있지만, 맛이 없기 때문에 원숭이에게 그냥 주면 거들떠보지도 않는다고 했다.

그래서 그는 원숭이가 먹이를 힘들게 찾아 먹도록 했던 것이다.

두 가지 사례는 인생의 진리를 가르쳐 준다. 그것은 바로 평소에 쉽게 얻을 수 있는 것보다는 노력해야만 얻을 수 있는 것이 더욱 값지다는 교훈이자 사실이다.

> 땀과 노력은 영혼을 맑게 한다.
> 열심히 일하고 노력으로 얻은 결과물은 그 것이 크든 작든 간에 모두가 위대하다.
> 세상에 땀 흘리지 않고 얻어지는 것은 아무것도 없다.
> 노력은 영혼을 맑게 하는 최고의 정신 비타민이다.

15

당신을 도울 단 한 사람 -내 자신-

자신감 있는 사람은 실패를 두려워하지 않는다. 실패를 배우는 기회로 본다.   - 빌 게이츠 -

자신의 능력을 믿고 자신의 결정에 확신을 가지면 성취할 수 있다고 믿을 수는 것이 자신감이다. 자신감을 향상시키면 도전에 맞설 수 있는 탄력성이 생기고, 더 만족스러운 삶을 능동적으로 살 수 있다.

긍정적인 믿음은 자신감을 기르는 데 필수적이다. 자신을 믿고 자신의 능력을 신뢰하는 것은 삶의 모든 영역에서 성공의 관건이 될 수 있다. 스스로에게 긍정적인 말을 하여 내면의 목소리를 긍정적으로 유도하는 것이 무엇보다 중요하다.

자신감을 키우려면 실수를 두려워하지 말아야 한다. 실수는 성장과 학습에 필수적이며, 실수를 통해 자신의 약점을 파악하고 강점을 키울 수 있다. 실수를 기회로 받아들이고, 그것을 성장과 발전을 위한 발판으로 삼아야 한다.

자신감을 높이기 위해서는 설정하는 목표가 현실적이어야 한다. 너무 높게 설정하면 실망감과 의기소침을 초래할 수 있다. 현실적이고 달성 가능한 목표를 설정하여 자신감을 유지하면서 점진적으로 성장할 수 있는 것이 자신감이다

어떤 사장이 전 재산을 소형 제조업에 투자했다. 그러나 세계대전이 터지고 공장에서 필요한 원료를 구할 수가 없게 된 그는 파산을 하고 말았다.

돈을 잃고 의기소침해진 그는 가족을 떠나 떠돌이가 되었다. 자신의 실패를 잊을 수 없었던 그는 점점 더 괴로워만 했다. 근래 들어서는 호수에 빠져 자살하고 싶은 생각마저 들었다.

그러다 우연한 기회에 『자신감』이란 책을 읽게 되었다.

그 책은 그에게 용기와 희망을 불러일으켜 주었고 그는 책을 쓴 작가를 찾아가 다시 일어설 수 있도록 도와달라고 부탁하기로 했다.

작가를 찾아가 자신의 사정을 다 털어놓자 작가는 그에게 뜻밖의 말을 했다.

"당신의 이야기는 정말 잘 들었습니다. 진심으로 제가 당신을 도와드릴 수 있었으면 좋겠군요. 하지만 제게는 당신을 도울만한 능력이 없습니다." 그의 얼굴이 순식간에 창백해졌다. 고개를 떨 군 채 그는

중얼거렸다.

"이제 나는 끝장이로군."

잠시 뒤 작가가 말을 이었다.

"비록 저는 당신을 도울 방법이 없지만 당신에게 소개할 사람이 있습니다. 그는 당신이 재기하도록 도와줄 수 있을 겁니다."

이 말을 들은 떠돌이는 자리에서 뛰어올라 작가의 손을 잡고 말했다.

"부디 저를 그 사람에게 데려다주십시오."

작가는 그를 커다란 거울 앞에 데리고 가서 손으로 거울을 가리키며 말했다.

"제가 소개할 사람은 바로 이 사람입니다. 이 세상에서 이 사람만이 당신을 재기시킬 수 있습니다. 지금 자리에 앉아서 이 사람에 대해 철저히 알지 못하면 당신은 미시간 호에 뛰어드는 것 외에 다른 방법이 없을 겁니다. 이 사람을 충분히 알기 전에는 당신은 아무런 가치도 없는 폐물이나 다름없으니까요."

그는 거울을 향해 몇 걸음 다가가 손으로 수염이 잔뜩 자란 얼굴을 어루만졌다. 거울 속의 사람을 머리끝부터 발끝까지 몇 분 동안 훑어보더니 뒤로 물러나 고개를 떨꾸고 울기 시작했다.

며칠 뒤 길에서 그 사람을 우연히 마주친 작가는 하마터면 그를 알아보지 못할 뻔했다. 그는 고개를 높이 들고 힘차게 걷고 있었던 것이었다. 머리부터 발끝까지 새로 꾸민 그는 크게 성공한 사람처럼 보였다.

"그날 당신의 사무실을 찾을 때까지 저는 떠돌이에 지나지 않았습니다. 하지만 거울을 보며 자신감을 되찾을 수 있었습니다. 조금 전에 연봉 3,000달러의 일자리도 구했습니다. 사장님은 가족들에게 보낼 수 있게 월급의 일부를 가불해 주셨어요. 이제 다시 성공의 길을 걸을 겁니다."

그는 유쾌하게 작가에게 덧붙여 말했다.

"미리 당신에게 말씀을 드리죠. 미래의 언젠가 다시 당신을 방문할 겁니다. 백지수표를 들고 말이죠. 금액은 당신이 쓰세요. 당신이 제게 자신을 깨닫게 해주었어요. 진정한 나를 보여준 거죠."

시들은 화초에 물을 주면 생기가 돋고 다시 피어나듯이 자신감은 쓰러져가는 자신을 일으켜 세우는 마음의 자세이다. 어떠한 어려운 순간에도 자신감을 잃지 말아야한다. '옛날 말에 호랑이한테 물려가도 정신만 차리면 산다'는 말이 있듯이 자신감은 자신을 지켜주는 마지막 보루이다.

> 자신감은 자신을 지탱해 주는 힘이다. 자신감의 상실은 스스로에게 사형 선고를 내리는 것과 같다. 난간에 봉착했을 때 자신을 돌아보고 당신 자신에게 힘을 실어 주어라.

〈참고문헌〉

《카네기 리더십》스튜어트레빈, 마이클 크롬, 씨앗을 뿌리는 사람
《하버드 성공학 특강》정형권, 사색의 나무
《세상을 움직이는 100가지 법칙》이영직,
《명심보감으로 소통하라》이용원, 신세계 리더북스
《0.3초의 기적》정종민, 사색의 나무
《절대 긍정으로 산다》이재준, 리더북스
《나를 변화시킨 사람들 내가 변화시킬사람들》팻 일리엄스, 짐 테니, 말글빛
《습관1%만 바꿔도 인생이 달라진다》이재준, 리더북스
《리더와 리더십》워렌베니스. 버트 나누스, 황금부엉이
《무지개 원리》차동엽, 위즈앤 비즈
《최고의 인문학》한병선, 사색의 나무
《1분 인문학 소. 소. 소》윤석미, for book
《리더십 불면의 법칙》이동연, 인물과 사상사
《지혜의 인문학》전홍식, 사색의나무
《사람이 모이는 리더 사람이 떠나는 리더》전영진, 리더북스
《참 좋은 긍정의 한줄》김옥림, 교육타임스
《이순신 승리의 리더십》임원빈, 한국경제 신문
《세상을 변화시키는 바보같은 경영자의 리더십》손인춘, 명상
《카네기 인간경영 리더십》최영순, 씨앗을 뿌리는 사람
《어떻게 인생을 살 것인가》쑤린, 다연
《유배지에서 보낸 편지》정약용, 창비
《아침에 읽는 좋은 습관 잠들기전에 읽는 성공습관》아나야오스, 새론북스

《인생의 지혜가 담긴 101가지 이야기》장지엔펑, 아라크네
《청출어람》김상규, 사색의 나무
《눈물이 나더라도 인생 앞에 무릎 꿇지 말라》스샤오옌, 다연
《하버드 인생특강》쟝이츠, 파주북스
《마음밭에 심을 이야기》김상규, 교육타임스
《5백년 명문가의 자녀교육》최효찬, 예담
《인생을 최고로 사는 지혜》새뮤얼 스마일즈, 비즈닉스 북스
《세상에서 가장 지혜로운 101가지 이야기》이종주, 서교출판사
《큰바위 얼굴》나다니엘 호손, 바다출판사
《몰입의 즐거움》미하이 칙센트미하이, 해냄
《시련은 있어도 실패는 없다》정주영, 제삼기획
《생각의 힘을 키워라》이토야마 타이조, 글로세움
《무지개원리》차동엽, 국일미디어
《10대를 위한 몰입 공부법》정형권, 성안당
《절대 실패하지 않는 성공 시스템》클에멘즈 스톤, 서른세개의 계단
《습관의 힘》잭D.핫지,K 아이디북
《준비된 행운》알렉스 로비라, 에이지21
《손자병법》손무, 유동환 옮김, 홍익출판사
《위대한 철학자들은 철학적으로 살았을까》강성률, 평단문화사
《쉽게 읽는 백범일지》김구, 돌베개
《프랭클린 자서전》벤자민 프랭클린, 김영사
《당신 안의 기적을 깨워라1.2》나폴레온 힐, 국일미디어

《하버드 인생특강》장이츠, 파주Books
《느리게 더 느리게》장샤오헝, 다연
《1%인연의 힘》이재운, 책이있는마을
《정약용과 그의 형제들1.2》이덕일 김영사
《인생은 지름길이 없다》스웨이, 정민미디어
《나는 하버드에서 인생을 배웠다》무천강, 리드리드출판
《월든》헨리 데이비드 소로우, 은행나무
《습관의 힘》찰스 두히그, 갤리온
《누구나 처음엔 걷지도 못했다》고영성, 스마트북스
《성공하는 CEO의 습관》김성회, 페이퍼로드
《하버드 새벽4시반》웨이슈잉, 라이스메이커
《최고는 무엇이 다른가》 빌조지, 스몰빅라이프

● 논문, 신문기사등 기타자료
리더십의 종류–침묵과 사색의 리더십, 송수용, 전자신문
변하면 통하고 통하면 오래간다, 조윤제, 농민신문,
손자병법의 전략', 김기천, 조선비즈,
용서와 화해로 시대고(時代苦)를 극복하자, 장일홍, 시대의 소리,
'평화의 상징' 만델라, 김슬기, 매일경제,
용서와 화해의 넬슨 만델라, 박운용, 두향칼럼,
용서와 관용의 리더십: 링컨과 스탠턴, 지상의 왕자, 티스토리